Christian Huber
Vom Himmel in die Hölle

Meiner Frau Angela

Christian Huber

Vom Himmel in die Hölle

Zeitzeugenbericht eines Nachtfernaufklärers

rosenheimer

Der Ablauf des militärischen Geschehens entspricht der geschichtlichen Wahrheit. Die Namen der handelnden Personen sind größtenteils authentisch. Irrtümer bleiben vorbehalten.

Besuchen Sie uns im Internet
www.rosenheimer.com

© 2014 Rosenheimer Verlagshaus GmbH & Co. KG, Rosenheim
Lektorat und Satz: Dr. Helmut Neuberger, Ostermünchen
Titelfoto: © Bayerische Staatsbibliothek München/ Fotoarchiv Hoffmann
Druck und Bindung: CPI Moravia Books s.r.o.
Printed in Czech Republic

ISBN 978-3-475-54304-3

Inhalt

I. Flug ohne Wiederkehr 7

II. Asche 23

III. Sümpfe 45

IV. Gefangen............................ 63

V. Schlaraffenland....................... 113

VI. Verlorene Jahre, verlorener Kompass........ 137

VII. Eisige Hölle......................... 173

VIII. Der Letzten einer 193

IX. Fremder in der Heimat.................. 199

Nachwort 203

Der Autor.............................. 207

Ein staunender Blick in meine Vergangenheit
Gerhard Ehlert

I. Flug ohne Wiederkehr

Ruhig zieht der junge Pilot den Steuerknüppel zu sich heran. Die schwere Maschine bewegt ihre Nase leicht nach oben, und die beiden Daimler-Benz-Motoren zeigen, was in ihnen steckt. Die warme Sommerluft fährt unter die Flügel der zweimotorigen Maschine und hebt sie sachte an. Die Schwerkraft drückt die Männer in ihre Sitze, und sie fühlen sich ganz sicher, als sie das Einrasten des Fahrwerks hören. Sie spüren jetzt den Lärm, den die Propeller verursachen, an ihrer Fliegerkombi, einem leichten Anzug aus hellem Sommerstoff, den sie in diesen heißen Tagen in den Pripjetsümpfen lieben lernen, weil sie darin viel weniger schwitzen als ihre Kameraden in den dicken grauen Uniformen. Das Brummen der Motoren dringt bis auf ihre Haut, sie spüren es am ganzen Leib. Und so geht es laut dröhnend hinein in die Dämmerung. Die letzten Strahlen der russischen Sonne fliegen ihnen nach und verglühen, ehe sie und ihr Flugsaurier ganz von Nacht umhüllt werden. Für sechs Stunden reicht der Treibstoff ihres schwarzen Vogels, den man nachts vom Boden aus so gut wie nicht erkennen kann. Drei Stunden hin, drei Stunden wieder zurück.

»Rechtskurve. Gerade. Da vorne leichte Linkskurve. Gerade!«, raunt der Beobachter im Sekundentakt in sein Kehlkopfmikrofon. Er kauert in der riesigen Glaskanzel unter dem Piloten und hat die beste Sicht nach unten. »Das is' wie mit 'nem Mercedes-Silberpfeil mit 300 Sachen auf der Autobahn. Hurra! Bloß mit 'ner schwarzen Binde vor den Augen«, feixt der Bordschütze, der ganz hinten in der engen Maschine sitzt und wie immer nichts zu tun hat. Nachts heben die russischen Jäger nicht von ihren Flugplätzen ab, sie haben, anders als die Tommies, auch jetzt noch, im Sommer 1944, kein Radar.

»Ist direkt ein bisschen einsam hier oben. Musik wär' jetzt nicht schlecht«, kracht es kehlig in den Kopfhörern der vier Männer in ihrem dröhnenden Fernaufklärer. Dann schaut der Schütze auf seine Armbanduhr. »Mann, Professor, was ist denn mit dem Funkspruch? Verdammt. Die daheim müssen doch wissen, dass wir noch am Leben sind.«

Der Professor heißt eigentlich Karl-Heinz Williges, Unteroffizier Williges. Er ist das Küken der Besatzung und absolviert gerade seinen ersten echten Feindflug. Die Männer nennen ihn Professor, weil er eine Nickelbrille trägt und damit ungemein intelligent wirkt. Er kämpft schwer mit seiner Müdigkeit und mit seinen Gedanken an Zuhause, an seine Mutter. Er hat den ganzen Tag wieder schlecht geschlafen, weil ihm die Angst vom letzten Übungsflug nahe der Front noch im Nacken sitzt.

»Mensch, nicht pennen hier. Wer's nicht verträgt, soll's eben lassen«, schimpft der Flugzeugführer, und Williges weiß, dass er nicht viele Fehler machen darf, sonst ist er wieder raus. Raus, das heißt raus aus der Flugzeugkanzel und ab zu den Grabenkriegern. Grabenkrieger, so nennen die »Herren von der Luftwaffe« die Soldaten der Infanterie, denen in diesen Tagen der Untergang droht – zumindest hier, am Pripjet, südöstlich von Minsk – dort, wo drei Jahre zuvor Hitler und seine hörigen Generäle einen Sieg nach dem andern errungen hatten. Die großen Kesselschlachten bei Kiew, bei denen die Rote Armee Hunderttausende von Soldaten durch Tod oder Gefangenschaft verloren hatte, die Eroberung der Rollbahn Minsk-Smolensk-Moskau, der rasche Vormarsch im Süden auf die Krim dicht vor die kaukasischen Erdölfelder, das alles hatte auf deutscher Seite zur Hybris geführt; einer Hybris, die ein Jahr und zwei Winter später an der eiskalten Wolga in die Katastrophe von Stalingrad mündete, wo die deutsche 6. Armee von der Roten Armee vernichtend geschlagen wurde. Es war der Wendepunkt des Krieges im Osten, nein, des gesamten Vernichtungskrieges, in den Hitlerdeutschland Europa und die halbe Erdkugel gezogen hatte.

An der Ostfront stehen die Zeichen in diesen Sommertagen des Jahres 1944 auf Sturm. Eine zusammenhängende Front der Deutschen Wehrmacht existiert nur mehr auf dem Papier. Die einst so siegreiche Heeresgruppe Mitte ist zwischen Moskau und Minsk verblutet. Die Rote Armee sammelt sich gerade zur alles entscheidenden Offensive und das mit einem ganz neuen, bedrohlichen Unterton. Zum ersten Mal seit dem Überfall der Wehrmacht auf Sowjetrussland kommt zur zermürbenden Artillerievorbereitung der Russen auch noch ein nervenzerreißendes Brummen aus der Luft: 1000 sowjetische Bomber nehmen tagelang die Reste der deutschen Front ins Visier. 40 einsatzfähige Jäger kann die Luftflotte 6 zu diesem Zeitpunkt der Heeresgruppe Mitte noch zur Verfügung stellen. 40 Maschinen gegen 1000. Mitten hinein in die Bereitstellung der Roten Armee fliegt am 13. Juni, abends gegen 21.30 Uhr, ein einzelnes deutsches Flugzeug, einer der letzten Nachtfernaufklärer der Luftwaffe. Der Auftrag lautet: Eisenbahn- und Straßenaufklärung im Bereich der 2. Armee.

Was die Männer in dieser Nacht auf ihrem Flug sehen, überrascht sie längst nicht mehr und lässt ihnen dennoch das Blut in den Adern gefrieren. Es sind die Vorzeichen des Untergangs. Zug um Zug rollt gegen Westen, von schweren, dampfenden Lokomotiven gezogen, bepackt mit Panzern und Geschützen. In den Bereitstellungsräumen der Russen stehen so viele der gefürchteten T34-Panzer, Sturmgeschütze und Katjuschas, dass es aussieht, als würden die Felder aus purem Stahl bestehen. Äcker aus Eisen, Wiesen aus Blei. Auf den Straßen sehen sie nachts Lkw-Kolonne um Lkw-Kolonne. Sie fahren mit voller Beleuchtung, so sicher fühlen sie sich. Die Männer im Aufklärer wissen, dass die Transporter an der Front Rotarmisten ausspucken werden, Tausende, eine Million und mehr. Und sie wissen, dass ihre Kameraden auf dem Boden dieser Flut nicht werden standhalten können. Keinen einzigen Tag. Bis Ostpreußen sind es für die Russen nur mehr dreihundert Kilometer.

Leutnant Gerhard Ehlert, der Pilot der Maschine auf Feindflug »K7 + FK« Richtung Osten, fühlt sich schlecht. Auch wenn er konzentriert den Anweisungen seines Beobachters folgt, hat er doch immer wieder Zeit, nachzudenken. Und nachdenken ist das, was er am allerwenigsten braucht. Es macht ihn fahrig. Er sorgt sich um Riele, sein Mädchen zu Hause, ruft sich ihre Gesichtszüge in Erinnerung, wieder und immer wieder. Dabei lächelt er vor sich hin. Er denkt an ihr braunes, langes Haar, riecht daran in Gedanken und kann sich nicht erklären, warum er zwei Wochen nichts von ihr gehört hat. Es liegt bestimmt an der gottverdammten Feldpost, beruhigt er sich und schreckt auf.

»Steile Linkskurve, Herr Leutnant, steiler. Gerade. Da vorne Rechtskurve. Achtung. Jetzt. Gerade!«, brüllt der Beobachter wieder und wieder. Sie fliegen nach Karte. Das heißt, der Beobachter gleicht das, was er am Boden mit bloßem Auge erkennt, mit seiner Karte, die vor ihm liegt, ab. Sekunde für Sekunde. Und das mitten in der Nacht. Er hat keine Zeit, sich während des Fluges Gedanken zu machen. sonst verfliegen sie sich gnadenlos und geraten womöglich in ein Gebiet mit starker Luftabwehr. Das können sie gar nicht gebrauchen. Und genau, während er diese zwei Sekunden abschweift, dringt Oberfeldwebel Hanns Schlotter, so heißt der drahtige, langgewachsene Bordbeobachter aus Frankfurt am Main, die Stimme seines Piloten kalt und vibrierend ins Ohr: »Schlotter. Alles klar? Ich hör zu wenig. Mensch, Augen auf, sonst verfranzen wir uns noch«, schreit Ehlert hart.

Schlotter ist sofort wieder hellwach. »Jawoll, Herr Leutnant. Flusslauf, gerade, Rechtskurve. Gerade. Da vorne noch mal enge Rechtskurve. Achtung: jetzt! Gerade!« Schlotter funktioniert sofort wieder wie eine Maschine, wie ihre zweimotorige Dornier Do 217.

Der junge Leutnant am Steuerknüppel aber spürt, dass die ganze Besatzung heute eine besondere Spannung befallen hat. Vielleicht ist es da ganz gut, ein bisschen Ruhe reinzubringen, denkt er sich. »Williges! Wissen Sie eigentlich, woher das Wort ›verfranzen‹ kommt? Fliegersprache aus dem Weltkrieg.« Er sagt keine Nummer zum Weltkrieg, denn Ehlert weiß nicht, dass der, in dem sie gerade kämpfen, die Nummer zwei bekommen wird.

»Bei den Fliegern im Weltkrieg saß einer vorne und einer hinten. Die Bezeichnung für die beiden Flieger war Emil und Franz. Emil flog, Franz navigierte, wie Schlotter eben, nur ein bisschen langsamer. Wenn man sich verflog, hatte Franz einen Fehler gemacht. Man hatte sich verfranzt. Kann uns nicht passieren, was Schlotter?«

»Jawoll, Herr Leutnant. Rechtskurve. Gerade. Da vorne leichte Linkskurve. Gerade!«, gibt Schlotter zurück.

Ganz schöner Klugscheißer heute, unser Kutscher, denkt sich Willi Burr, der gelangweilte Bordschütze am Heck der Maschine. Die zieht Ehlert jetzt gerade ein bisschen nach oben, weil ihn Schlotter vor einer Hügelkette gewarnt hat. »Waren ganz schöne Luftschaukeln, damals. Tauchten reihenweise in den Bach. Uns kann der Himmel nicht verlieren, was, Burr? Keine Maschine ist so lufttauglich wie die unsere, wenn man sie richtig fliegt.«

»Jawoll, Herr Leutnant, keine!«, gibt der Bordschütze versöhnt zurück.

Flughöhe 200 Meter. Schatten ziehen in irrem Tempo unter den vier Männern in der Do 217 hindurch, malen bizarre Gebilde auf Straßen, Wiesen und Felder. Manchmal wirft der Mond das Flugzeug der Nachtfernaufklärer von Gerhard Ehlert an einen Waldrand, und sie überfliegen sich selbst. Immer wieder sehen sie die Lichter von Lastwagen. Ein Lichtermeer, das zu einem einzigen hellen Glimmen verschmilzt. Längst haben die Russen die absolute Luftherrschaft und müssen sich über deutsche Kampfflieger den Kopf nicht mehr zerbrechen. Zumindest kaum noch. Deshalb gibt es auch keine Verdunkelung. »Ist wie an Weihnachten«, brüllt

Burr, und Williges setzt gleichzeitig seinen halbstündigen Funkspruch an den Flugplatz ab.

Die deutsche Heeresleitung weiß in diesen Tagen längst, was die Stunde geschlagen hat, was die Rote Armee plant: einen Großangriff in Richtung Ostpreußen, der am 22. Juni 1944 starten soll. Um die Vorbereitungen zu stören, greifen die letzten Maschinen der Luftwaffe seit Wochen in kleinen Gruppen oder in verzweifelten Einzelaktionen hauptsächlich Bahnhöfe an. Einer davon ist der Bahnhof Sarny, der am 13. Juni von den wenigen verbliebenen Maschinen der Luftflotte 6 bombardiert wird. Sarny liegt auf der Bahnstrecke Kiew-Warschau, rund 300 Kilometer westlich von Kiew und genauso weit entfernt von Minsk.

Bei der Einsatzbesprechung gegen 17 Uhr werden Ehlert und seine Besatzung eingeteilt, die Gleisanlagen in der Nacht nach der Bombardierung zu fotografieren. Der Staffelkapitän zeigt mit einem langen, dürren Holzstab auf eine riesige Karte vor ihnen an der Wand. Er zeichnet die Flugroute entlang von Flussläufen, Bahnlinien und Straßen nach. Wie leicht das ist, auf der Karte und mit dem Holzstab, denkt Ehlert und schaut auf den Schatten, den der Stab wirft. Er zielt über Warschau nach Deutschland hinein. Kein gutes Zeichen! Flieger sind abergläubisch. Niemand setzt sich gern in eine Maschine mit der Kennung dreizehn. Manche Geschwader spritzen sie vor dem ersten Einsatz zur Zwölfeinhalb um.

Für ihren Einsatz heute Nacht bekommen Ehlerts Männer das Flugzeug des Staffelkapitäns zugeteilt, das mit einer speziellen ISCO-Kamera ausgestattet ist. Mit ihr können sie aus großer Höhe weite Gebiete fotografieren.

Zwei Stunden später sitzt der junge Leutnant zusammen mit seinem Offizierskollegen Kurt Schuffert vor einem Zelt auf dem Feldflugplatz Baranowitschi beim Abendessen. Beiläufig sprechen die beiden darüber, dass schon längere Zeit keine Maschine mehr verlorengegangen ist. Ehlert ahnt da noch nicht, dass es seine Besatzung sein wird, die in dieser Nacht nicht zurückkehrt. Wir sind noch nicht lange genug dabei, uns kann es noch nicht erwischen, glaubt Ehlert an das Gesetz der Serie. Und er weiß, dass seine Mannschaft bis auf Küken Williges trotzdem schon jede Menge Erfahrung hat, besonders Schlotter, der alte Haudegen. Der ist ja schon über 30. Ehlert wundert sich nicht, dass im Krieg eigentlich noch junge Männer als alt gelten. Schlotter, Burr und ich, das sind beste Voraussetzungen für ein langes Leben, grinst er zuversichtlich in sich hinein. Das ist für ihn wie ein Gesetz. Doch der Krieg hält sich nicht an Gesetze – außer an die des Todes.

Um 21 Uhr wird ihr Vogel, eine zweimotorige, dreitausend PS starke Do 217-M betankt. Dann geht es los in Richtung Sarny. Der Anflug verläuft zunächst reibungslos. Tief gleiten sie über das Schlachtfeld, das heute besonders ruhig scheint. Nur ab und an sehen sie das Aufblitzen von Mündungsfeuer. Dann wird es ruhig, und der Funk wird leiser. Sie sind über Feindesland, dringen in jeder Sekunde fast 100 Meter tiefer hinein. Wenn es so weitergeht, werden sie Sarny in einer halben Stunde erreicht haben. Doch vorher erlauben sie sich – wie in den letzten Tagen immer – noch einen kleinen Spaß. An einer auffälligen Waldlichtung an der Bahnlinie Kowel-Sarny stehen vier russische Flakgeschütze, fein säuberlich aufgebaut im Karree. Das Besondere daran: Die Geschütze werden von Frauen bedient. Dreimal haben Ehlert und seine Männer schon das Weiße in den Augen der weiblichen Besatzung gesehen, weil sie jedes Mal kurz vor der Stellung ganz nach unten gehen. Je tiefer sie fliegen, desto kürzer ist die Vorwarnzeit, desto weniger lange sind sie direkt über der Stellung.

Der dichte Überflug der deutschen Fernaufklärer führt dazu, dass bei der russischen Frauen-Flak jedes Mal helle Aufregung ausbricht. Die Soldatinnen laufen wie ein aufgescheuchter Hühnerhaufen durcheinander und schaffen es kein einzige Mal, rechtzeitig einen Schuss in den Himmel zu schicken. Und Ehlerts Männer johlen, weil es ihnen einen Heidenspaß macht, die Frauen unten in ihren erdbraunen Uniformen hin und her flitzen zu sehen. Sogar der sonst so kühle Flugzeugführer lässt sich dazu hinreißen, beim Abflug von der Flak-Stellung kurz mit den Tragflächen zu wackeln. Er winkt mit den Flügeln seiner Maschine – unblutige Höchststrafe für die weiblichen Grabenkrieger unten an der Waldlichtung. Denn das Flügelwackeln heißt nichts anderes als: Ihr könnt uns mal. Die Frauen werden sich etwas einfallen lassen. Noch in dieser Nacht.

Schnell kühlt sich die Stimmung in Ehlerts Maschine wieder ab. Denn sie können ihren ersten Auftrag nicht erfüllen. Kurz vor dem Bahnhof Sarny steigen sie auf 1500 Meter hoch, um Bilder mit Blitzlicht zu schießen. Doch die Bombenklappe, aus der die Blitzlichtbomben abgeworfen werden sollen, lässt sich nicht öffnen. Burr verlässt seine Kanone am Heck des Fliegers und klettert hinunter.

»Ich schau mal, was da los ist, Herr Leutnant«, krächzt der Feldwebel in sein Mikrofon.

Doch alles Zerren, Treten und Schieben hilft nichts. Der verdammte Schacht will einfach nicht aufgehen. Kopfüber fällt dem Bordschützen ein Bleistift aus seiner Brusttasche. Der Aufschlag des kleinen Stiftes auf den unteren Teil der Glaskanzel des Fliegers ist nicht zu hören. Er tanzt auf dem Glas und wird noch eine halbe Stunde dort tanzen.

»Bombenklappe lässt sich auch von Hand nicht öffnen. Ist mit Bordmitteln nicht klar zu kriegen, Herr Leutnant«, setzt Burr an seinen Piloten ab. Also keine Fotos aus großer Höhe. Es wird nicht die letzte Panne des Fluges »K7 + FK« bleiben.

In einer weiten Schleife bringt Ehlert den Vogel langsam in den Sinkflug. Sie gehen auf 200 Meter herunter, ihre typische Aufklärungshöhe. Ab sofort gilt: Autos zählen, Züge zählen, Panzer zählen. Oberfeldwebel Schlotter sagt die Richtung an und zählt, Unteroffizier Williges funkt alle halbe Stunde Richtung Feldflugplatz und zählt mit, Feldwebel Burr hält ihnen wie immer mit seinem MG 131 den Rücken frei, Leutnant Ehlert, der Kutscher, wie sie ihn nennen, fliegt den Vogel stur und ganz nach Vorschrift. Jetzt sind sie alle vier eine Maschine in der Maschine, ein Räderwerk, in dem sich ein Zahn auf den anderen verlassen kann und muss. Eine Kampfgemeinschaft. Und obwohl der zappelige Professor, der lange Oberfeldwebel mit den scharfen Augen und seiner krummen Nase, der lässige Feldwebel mit seinem MG und der kühle, fast immer ein bisschen zu vornehm wirkende Flugzeugführer als Menschen unterschiedlicher nicht sein könnten, verbindet sie ein Gedanke – der an Zuhause. Da sitzt in Frankfurt am Main Hanni Schlotter mit ihren beiden Söhnen. Fritz ist drei, Max erst ein knappes Jahr alt. Der Vater der beiden Buben ist an der Front. Nein, noch schlimmer, hinter den feindlichen Linien. In einem fliegenden Sarg.

Da sitzt in Mergelstetten bei Heidenheim die blonde Linda am Ufer des kleinen, romantischen Flüsschens Brenz. Sie hat ein weißes ärmelloses Sommerkleid an, ist braungebrannt. Sie ist zwanzig und hat ihr ganzes Leben noch vor sich. Ihre langen blonden Haare hat sie sich hinter die Ohren gestreift, nur eine Tolle fällt ihr ins Gesicht. Mit ihrem strahlenden Lächeln, das eine weiße Zahnreihe freigibt, zieht sie die anderen um sie herum in ihren Bann. Mit ihren hohen Wangenknochen, dem kantigen und dennoch schön geschnittenen Gesicht und ihrer schlanken, aber weiblichen Taille könnte sie jeden hier in Mergelstetten haben. Aber sie will nur diesen einen, diesen verrückten Feldwebel der Luftwaffe, der nachts durch die Gegend fliegt und der seinen Kameraden in der Do 217 mit seiner Kanone, wie er sein MG nennt, den Rücken freihält. Und dann ist da noch Riele, das ganze Glück von Gerhard Ehlert, dem strengen Flugzeugführer mit seiner fein herausgeputzten Uniform.

Riele hält genau in dieser Minute, in der die Männer im Fernaufklärer über Sarny abdrehen, sein Bild in Händen. Die Schirmmütze macht ihn größer, als er ist, denkt sie. Er ist schlank und rank, und seine Uniform hat keine Schnörkel. Für besonders lässige Accessoires wie Tücher oder Spangen, wie sie Piloten gerne tragen, hat ihr Gerhard keinen Sinn. Das passt nicht zur Dienstvorschrift, also lässt er es weg.

Und dann ist da noch die Mutter. Williges Mutter. Sie hat ihren Mann schon im Frankreichfeldzug verloren.

Er war einer der ersten Gefallenen, hat »für Führer, Volk und Vaterland« sein Leben gelassen. Diese Worte aus der Todesnachricht gehen ihr nicht mehr aus dem Sinn, brennen sich ein wie die klar gespielten, einzelnen Töne einer Fuge. Todesfuge! Gerade dann, wenn sie an ihren jüngsten Sohn denkt, den Karl-Heinz, der bei der Luftwaffe nachts über Russland fliegt, hört sie die Fuge klar. Gut, dass sie nicht weiß, wie ihr Mann wirklich gestorben ist, dort an der Marne. Es war ein Granatsplitter. Als ihn der Sanitäter fand, dachte er erst, die Franzosen würden mit Tomaten schießen. Überall war Rot mit vielen kleinen gelben Punkten. Der Splitter hatte den Schädel zerfetzt. Williges Mutter würde nach diesem Verlust den Tod eines ihrer drei Söhne nicht ertragen, schon gar nicht den ihres Jüngsten, der vom ersten Tag an der Mutter so sehr zugeneigt war – mehr als je dem Vater.

Höhe 200 Meter. Alle Instrumente funktionieren. Der Bleistift tanzt in der Kuppel. Die Motoren brummen gleichmäßig und ruhig. »Gerade, Rechtskurve. Gerade. Da vorne noch mal Rechtskurve. Achtung. Gerade!« Schlotter liest die Karte, gibt die Richtung vor, Ehlert fliegt und denkt an Riele.

»Machen wir uns noch mal den Spaß, Herr Leutnant?«, fragt Burr durch den Bordfunk. »Die Russenweiber flitzen so schön.«

Doch Ehlert hat jetzt keinen Sinn mehr für Späße. Er will nach Hause. Gut fünf Stunden in der Luft zu kutschieren, zehrt an den Kräften. Als Pilot hat er die anstrengendste Aufgabe von allen Vieren. Auf den Navigator hören, konzentrieren, Instrumente im Blick behalten, den Vogel fliegen, die Mannschaft befehligen. Und er hat die Verantwortung, die ihm verbietet, irgendetwas in diesem verdammten Krieg nur so aus Spaß zu unternehmen. Über diese Regel setzt er sich so gut wie nie hinweg. Heute hat er sich schon einmal hinreißen lassen und sich sofort über sich selbst geärgert. Ein zweites Mal wird ihm das auf diesem Flug nicht passieren, hat er sich gleich nach seinem Flügelwackler über der Frauen-Flak geschworen. Ehlert will heim, nur noch heim. Heim auf den staubigen Feldflugplatz bei Baranowitschi, den Film zur Auswertestelle bringen, sich aufs Ohr hauen und bis morgen, bis übermorgen, bis in tausend Tage schlafen, einfach nur schlafen.

»Wir fliegen kürzeste Strecke. Zweimal grün, wenn wir über der Hauptkampflinie sind, verstanden, Burr?«

»Jawoll, Herr Leutnant, zweimal grün«, gibt der Bordschütze zurück. Er bedient die fest eingebaute Signalpistole unten am Rumpf der Maschine. Zwei grüne Leuchtkugeln soll er über der Front beim Eintritt in den eigenen Luftraum abfeuern. Das ist die Kennung, damit die Infanterie unten weiß, dass es ein eigenes Flugzeug ist, das über sie hinwegschwebt.

Noch zehn Minuten, denkt Burr, dann haben wir den Mist hier wieder hinter uns. Gleich geschafft. Und alles ruhig. Zu ruhig. Burr hört die Stimme von Schlotter, der nach wie vor eine Richtungsangabe nach der anderen ausspuckt. Irgendetwas scheint Schlotter zu beunruhigen. Er zögert manchmal eine Zehntelsekunde, räuspert sich. Verstummt für ein paar Sekunden. Das ist man von ihm gar nicht gewohnt.

»Schlotter«, schreit Ehlert, »ich brauch die Richtung, verdammt! Zusammenreißen, Mensch!«

Alle drei merken jetzt, dass mit dem Oberfeld etwas nicht stimmt. Williges, dem Professor, tanzen kleine

Schweißperlen der Angst auf der Stirne, im gleichen Takt, wie unten der Bleistift auf der Glaskanzel.

»360 Grad, Herr Leutnant«, stößt Schlotter hervor. »Verdammter Mist! Hab die Orientierung verloren, Herr Leutnant.«

360 Grad, das heißt: Der Pilot soll kreisen, so lange, bis der Beobachter den Kurs wieder hat. Kreisen, das bedeutet nichts Gutes. Ein Flugzeug ist dann am wenigsten in Gefahr, erkannt und heruntergeholt zu werden, wenn es rasch Kilometer zurücklegt und in Bewegung ist. Kreisen ist Stillstand. Unten sausen die Lichterketten der Lkw-Kolonnen vorbei. Es wird nicht lange dauern, dann wird man auf das Brummen des deutschen Fliegers in der Luft aufmerksam werden. Und höher ziehen nützt auch nichts, dann verliert Schlotter ganz die Orientierung.

Es dauert eine, zwei Minuten, eine ganze Ewigkeit, in der Schlotter verzweifelt und immer hektischer zwischen seiner Karte und dem Erdboden hin- und herblickt. Verdammt, denkt er sich. Seine Augen schmerzen. Das ständige Hin und Her zwischen Licht unten und Dunkelheit oben strengt die Pupillen zu sehr an. Verdammt, hier muss doch der See kommen. Nichts, wieder nichts. Wald, kein See.

»Ich schlag noch mal einen Haken. Oder sagen wir besser, ein Häkchen«, sagt Ehlert mit ruhiger Stimme. Es nützt nichts, wenn er jetzt auch noch nervös wird. »Vielleicht treffen wir auf etwas Bekanntes.«

Und tatsächlich, da! Da vorne ist die Bahnlinie, die zurück nach Baranowitschi führt. Ist sie es wirklich? Ja, sie erahnen die Waldlichtung und die leichte Hügelkette. Dort muss auch ganz in der Nähe die Frauen-Flak sein.

Deren Geschütze wollte Ehlert eigentlich umfliegen. Na gut, denkt er sich, bevor Schlotter nochmals die Orientierung verliert, bleiben wir lieber drauf. Die da unten werden ohnehin gerade wieder pennen.

Doch damit liegt der Flugzeugführer diesmal schief. Längst hat die russische Batteriechefin von ihrer Infanterie gemeldet bekommen, dass ein großer schwarzer Vogel in der Nähe ihrer Stellung herumkurvt. Es muss der Deutsche sein, der sich ein paar Stunden zuvor über sie lustig gemacht hatte. Jetzt werden sie sich mal ein bisschen über ihn amüsieren, denken die Rotarmistinnen unten, die feuerbereit an ihren Geschützen hängen und auf einen Befehl warten. Und Ehlert weiß noch etwas Wichtiges, etwas Tödliches nicht. In wenigen Sekunden wird es ihm wie Schuppen von den Augen fallen. Zu spät registriert er, dass sie diesmal nicht im direkten Überflug die Flakstellung in Ost-West-Richtung passieren, sondern quer zur Stellung über den ganzen Flak-Gürtel der Russen fliegen. Als sie die ersten weißen Explosionswölkchen am Nachthimmel um sich herum erkennen und die Maschine das erste Mal von einer heftigen Druckwelle erfasst wird, sind sie noch kilometerweit vor der Frauen-Flak. Ehlert ahnt, dass hier gleich die Hölle losbrechen wird. Er denkt an Riele und an Zuhause. Der Bleistift in der Glaskuppel macht wilde Sprünge.

II. Asche

Ehlerts Flugzeug wird gleich in Flammen aufgehen und zu Asche verbrennen. Seltsamerweise denkt er gerade an Asche – an die Asche, auf der sein Heimatdorf Meiersberg gegründet ist, nachdem jahrhundertelang in Glashütten Holz verfeuert worden war. Dort würde er jetzt gern sein. Vier Jahre – so lange liegt sein letzter Besuch schon zurück. Er denkt an den Bruder, seinen Spielkameraden der jüngsten Jahre, an den strengen, aber liebenswerten Vater, der Militärmusiker war, und an die Mutter, die ihn und alle, die es hören wollten, immer vor den Nazis gewarnt hatte und der man dafür in ihrem Heimatort aus dem Wege ging. Ehlert denkt daran, wie es war, in jenem letzten Sommerurlaub in Meiersberg vor seinem Eintritt in die Wehrmacht.

Damals fuhr er nach Ferdinandshof, den nächsten größeren Ort bei Meiersberg, um Ahnenforschung zu betreiben. Den eigenen Vorfahren nachzustöbern, war im dunklen Reich eines Heinrich Himmler arg in Mode. Der Reichsführer-SS hatte sogar ein eigenes Amt aus der Taufe heben lassen, in dem sich hohe SS-Führer mit ihren Gehilfen die Zeit aus weltanschaulichen Gründen mit Rassenkunde und Ahnenforschung vertrieben. So war es nicht verwunderlich, dass im ganzen Nazi-Reich die Menschen begannen, sich für ihre Familiengeschichte zu interessieren. Deshalb stöberte auch der junge Gerhard in den Kirchenbüchern in Ferdinandshof herum, wozu man ihm zuvor von Amts wegen und aus der Pfarrei die Erlaubnis erteilt hatte. Da einige seiner Vorfahren zu den Meiersberger Gründerfamilien von 1749 gehörten, väterlicherseits bei den Bauern, mütterlicherseits bei den Glasmachern, fand Gerhard seitenweise Material über seine Vorfahren in den Kirchenbüchern von Ferdinandshof. Tagelang durchforstete er die Bücher und wurde trotz des wunderbaren Spätherbstes in der Uckermark blass vom vielen Stubenhocken. Hinterher aber wusste er, woher er stammte, und das gab ihm ein beruhigendes Gefühl.

Meiersberg. Breite Straßen führen durch das kleine Dorf, viel zu breite Straßen, die Fahrtrichtungen getrennt durch einen noch breiteren Streifen aus Grün, der von großen Bäumen unterbrochen wird – eine Art Mittelallee, wie man sie sonst nur in Prachtstraßen großer Städte findet. Wegen der breiten, leeren Straßen stehen die gegenüberliegenden Häuser weit auseinander. Denn Grund gibt es hier genug. Daran muss nicht gespart werden. Meiersberg liegt in Vorpommern am südlichen Rand des Waldgebiets der Ueckermünder Heide. Nachdem sich die Gletscher der Eiszeit vor 10 000 Jahren zurückgezogen hatten, hinterließen sie eine Landschaft, wie sie freizügiger kaum sein könnte: Seen, Findlinge, und vor allem große Sandflächen, zwar nicht überall, aber vorwiegend. Bevor sich dort Menschen niederließen, bestand die Gegend nur aus Urwald, durchsetzt mit Mooren, Sümpfen und vielen kleinen Wasserläufen.

Das Dorf selbst wurde erst im Jahr 1749 gegründet. Ursprünglich waren es zwei getrennte Siedlungen. Im Frühjahr 1749 nahm eine Glashütte ihren Betrieb auf, im Sommer darauf kamen Bauern, die gleich im Anschluss an der westlichen Grenze der Glasmachersiedlung ihre Gehöfte errichteten. Bereits vor der Gründung von Meiersberg gab es 1730 in der Nähe eine Kuhmelkerei mit dem merkwürdigen Namen Besserdran. Die zwei Häuser des Milchwirtschaftsbetriebes standen dort, wo der Flossgraben in die Zarow mündet. Die Einheimischen sagen dazu: »Wo de Flettgrobn int Beek schütt't«. Bei der Einrichtung der Glashütten Ferdinandshof und Meiersberg waren Angehörige einer Familie namens Gundelach maßgeblich beteiligt, die Vorfahren von Albert Ehlert und seinen Söhnen Konrad und Gerhard.

Eines Abends machte der Krieg, der ein Jahr zuvor mit dem Überfall auf Polen begonnen hatte, mehr aus Zufall denn aus bösem Willen Halt in Meiersberg. Gerhard hatte sich ein paar Bücher zum Forschen ausleihen können, denn der Küster der Ferdinandshofer Pfarrei vertraute ihm mittlerweile, nachdem sich Gerhard und er bereits zu dem einen oder anderen Plausch verabredet hatten. Er hörte den Krieg als Erster und blickte mürrisch von seinem Kirchenbuch auf. Ein leises Brummen näherte sich vom Osten her und wurde immer lauter.
 Zu dieser Zeit stand lange fest, dass er in die Luftwaffe eintreten würde, ein Entschluss, zu dem er von niemandem getrieben wurde und der sich hauptsächlich aus der Literatur speiste, die der junge Ehlert damals seitenweise verschlang. Er las Bücher wie »Ein Kampf um Rom«, nicht wie seine Freunde Abenteuerschmöker von Karl May. Dann waren es Bücher über den Ersten Weltkrieg, auch Fliegerbücher, die ihn am meisten beeindruckten. Doch das war zu dieser Zeit noch nichts weiter als jugendlicher Überschwang. Die echte Leidenschaft fürs

Fliegen und Soldatsein wurde erst durch die euphorischen Wehrmachtsberichte in den ersten Kriegsmonaten in ihm geweckt. Die polnische Armee war durch die deutschen Stuka-Verbände »zermalmt« worden, die »Luftschlacht über England« war im vollen Gange und »praktisch nicht mehr zu verlieren«. Deutschland würde die englischen Städte eine nach der anderen »coventrieren«, versprach Propagandaminister Josef Goebbels, nachdem die deutsche Luftwaffe ein englisches Städtchen namens Coventry mit einem Bombenteppich eingedeckt und praktisch »ausradiert« hatte. Sieg über Sieg, errungen von den Fliegern!

Gerhard wollte Pilot werden. Kampfpilot. Niemals zuvor war er in einem Segelflugzeug geflogen wie viele seiner späteren Kameraden. Nur dann hätte man annehmen müssen, dass die Begeisterung fürs Fliegen ein folgerichtiger Schritt gewesen wäre. Bei Gerhard Ehlert war es die Sprache, die Wörter in den Büchern, die ihn zum Fliegen brachte. Er teilte seine Absicht, zur Luftwaffe zu gehen, seinen Eltern an einem Sonntagmorgen im Frühjahr 1940 beim Frühstück mit. Vater und Mutter hatten keinen Einwand. Das Thema war nach nur einer Minute durch, der Entschluss gefasst und bestätigt.

Da sich Gerhard also in den Folgemonaten viel mit der Fliegerei beschäftigt und sich dabei auch in der Nähe des einen oder anderen Fliegerhorstes herumgetrieben hatte, kannte er den Klang der deutschen Flugzeuge genau. Beim Brummen der Motoren über Meiersberg war er sich sofort sicher, dass es eine englische Maschine sein musste, wohl ein Bomber auf dem Heimflug. Ein Feindflugzeug war 1940 noch eine Rarität über Deutschland. Gerhard stürzte vor allen anderen Meiersbergern ins Freie. Und da rauschte schon entlang der breiten Dorfstraße ein riesiger Schatten über die Häuser hinweg. Ganz tief hing der Dinosaurier über dem Dorf. Er hatte offenbar Mühe, die Höhe zu halten. Obwohl die Meiersberger wussten, dass ihr Ort den Engländern keine einzige Bombe wert war und dass von diesem Ungeheuer, das sich da heimwärts schleppte, ohnehin keine Gefahr ausgehen konnte, bekamen sie alle ein komisches Gefühl in der Magengegend. Sie starrten in den abendblauen Himmel, der noch nicht so schwarz war, als dass sich die Konturen des englischen Bombers nicht abgezeichnet hätten, und sahen, wie er am Ende des Dorfes eine leichte Rechtskurve Richtung Ostsee zog. Als das Brummen beinahe ganz verstummt war, gab es am Horizont einen Blitz in weiter Ferne, so weit weg von Meiersberg, dass sich an diesem Abend niemand mehr aufmachte, der Ursache nachzuforschen. Man sprach ein paar Worte leise auf der Straße und wünschte sich eine gute Nacht. Erst am anderen Morgen beschlich alle ein erstes Gefühl der Hilflosigkeit, als der Postbote die Kunde ins Dorf trug, dass der englische Flieger auf einen Bauernhof nahe Gambin an der Osteeküste gestürzt sei und die Unglücksbesatzung, die offenbar ihre beschädigte Maschine nicht mehr beherrschen konnte, eine vierköpfige Bauernfamilie in den Tod mitgenommen hatte. Der Krieg war nun endgültig in Vorpommern angekommen.

Gerhard gönnte sich nicht viel Zeit, darüber nachzudenken. Er forschte und ließ sich auch durch einen »Unfall«, wie die Meiersberger den Absturz des Bombers nannten, nicht in seinem Vorhaben abbringen, alles über seine Vorfahren zu erkunden. Und so stieß er schnell wieder auf den Namen Gundelach. Die bemerkenswerte Familie Gundelach, dachte er bei sich und machte sich ans Lesen, ganz von Anfang an.

Das erste Kirchenbuch begann mit einer langatmigen Schilderung des Kirchenbaus und der Einweihung. Geschrieben hatte sie mit eigener Hand Johann Jürgen Gundelach, der den Bau dieser Kirche aus privaten Mitteln bezahlt hatte. Gerhard konnte sich später nicht mehr daran erinnern, wie er darauf gekommen war, dass es einen Familienverband der Gundlach, Gundelach und von Gundlach gab, dem seine Familie, die Ehlerts, irgendwann beigetreten waren. Die Gundelachs jedenfalls hatten ihren Sitz in Großalmerode, Nordhessen, genau 33 Kilometer südlich von Göttingen. Es wurden Familienblätter herausgegeben, die sich wohl noch heute im Besitz der Ehlerts befinden. Hierin wurden allerlei Beiträge gesammelt, mitunter unwichtige, aber auch die ganze Ferdinandshofer Chronik. Ein Artikel war hochinteressant, weil er detailliert vom Werdegang der Familie Gundelach berichtete.

Es begann in Bamberg. Die Familie nannte sich damals Gundloch. Die Gundlochs waren eine angesehene Patrizierfamlilie, die 1122 erstmalig urkundlich erwähnt wurde. 300 Jahre lang waren sie Domverweser und Ratsherren. In dem Dorf Oberhaid, acht Kilometer nordwestlich von Bamberg, besaßen sie mehrere Güter. Die dortige Kirche hatte kein Predigerrecht, sodass der Pfarrer Schack vom Nachbardorf Trunstatt in Oberhaid Gottesdienst hielt. Als Oberhaid das Predigerrecht erhielt, wollte Schack weiterhin seine Einkünfte beziehen, obwohl er nicht mehr predigte. Man verweigerte die Zahlung, es kam zu einem Rechtsstreit, in dem der

Bamberger Bischof dem Pfarrer Schack Recht gab. Das erzürnte die Oberhaider. Besonders betroffen war Heinrich Gundloch, der größte Steuerzahler. Als sich Gundloch und Schack zufällig am 22. September 1409 auf dem Truhendinger Domherrenhof zu Bamberg trafen, kam es zu einer hitzigen Auseinandersetzung, bei der Gundloch so in Rage geriet, dass er Schack mit seinem Dolch erstach.

Der Täter stellte sich sogleich und zeigte Reue. Ein Gericht unter dem Vorsitz des Bamberger Bischofs tagte, und am 30. Mai 1410 wurde der Urteilsspruch gefällt. Dem Heinrich Gundloch wurde »der Frevel gnädiglich vergeben«. Die Familie Gundloch sollte aber zur Buße ewiglich jährlich 50 Pfund Wachs spenden und, sehr peinlich, Heinrich sollte jedes Jahr vor der Prozession barfüßig und barhäuptig mit einer Zweipfundkerze in der Hand um den Hof der Burg zu Bamberg gehen.

1413 wurden noch mehr Auflagen verlangt. Nachdem die Familie Gundloch auch noch eine Kapelle, die Katharinenkapelle in Bamberg, gebaut hatte, war das Maß voll. Die Gundlochs verließen Bamberg. Doch bis zu Albert Ehlert und seinen Söhnen war es noch ein weiter Weg.

Ab 1460 gab es in Bamberg keinen Gundloch mehr. Man wandte sich nach Hessen, nach Großalmerode. Dort erschienen Heinrich und Kurt Gundlach 1461 erstmals in den Quellen – dieselben, die das letzte Mal 1453 in Bamberg genannt worden waren. Es gab eine Änderung der Schreibweise des Namens: aus Gundloch wurde Gundlach, was aber keine Absicht gewesen sein muss, sondern auch auf die Nachlässigkeit eines Schreibers zurückzuführen sein könnte.

Großalmerode war das Zentrum der Glasmacher des Heiligen Römischen Reiches Deutscher Nation, wie das in zahlreiche Einzelherrschaften gegliederte Deutschland damals genannt wurde. Die Gundlachs mussten sich umstellen und erlernten das Glasmacherhandwerk. Aufgrund ihrer Führungsqualitäten stellten sie ab 1537 ununterbrochen für die nächsten 150 Jahre die Vorstandsmitglieder der Glasmacherzunft. Jeden Pfingstmontag mussten alle Zunftmeister des Reiches nach Großalmerode kommen. Am Vormittag wurde getagt und neue Zunftregeln wurden beschlossen. Schirmherr war der Landgraf von Hessen. Nachmittags briet man einen Ochsen, und es gab ein Volksfest.

Gerhard las tagelang in den Büchern und konnte sich nicht losreißen. Immer weiter vertiefte er sich in die Familiengeschichte und malte sich aus, wie seine Vorfahren ausgesehen hatten, wie sie gesprochen, wie sie sich vermehrt und über halb Deutschland ausgebreitet haben mochten.

Im achten Kirchenbuch stieß er auf das 16. Jahrhundert. An dessen Ende wurde eine neue Wirtschaftsform entwickelt, der Merkantilismus. Um die Wirtschaft zu stärken, sollten möglichst alle benötigten Waren im eigenen Land hergestellt werden. Die absolutistischen Herrscher sorgten mit dirigistischen Eingriffen in die Wirtschaft dafür, dass möglichst viel exportiert und möglichst wenig importiert wurde. Glas gehörte zu den kostspieligen Produkten, sodass sich jeder Herrscher Glashütten in seinem Herrschaftsgebiet wünschte. Die Glasmacher waren gefragte Leute, und viele Fürsten baten die Spezialisten aus Großalmerode, bei ihnen eine Glashütte zu errichten.

So folgten auch die Gundelachs dem Angebot eines Fürsten und zogen 1655 nach Preetz in Holstein. 1705 erhielten sie von der schwedischen Verwaltung in Stettin eine Einladung, im Bereich der Ueckermünder Heide eine Glashütte zu bauen. Dort wuchs auf dem sandigen Boden bestes Brennmaterial: Buchenwald, soweit das Auge reichte. Johann Jürgen Gundelach folgte dem Ruf. Er besaß in Mecklenburg mehrere Glashütten, war Glasmeister, ein Unternehmer großen Stils. Als Standort für sein Heim und seine Manufaktur wählte er den Scharmützel, eine kleine Erhebung, auf der heute die Ferndinandshofer Kirche steht. Zur Herstellung von Glas benötigte man Pottasche, und im Dorf befand sich bereits eine Pottaschebrennerei. Außerdem war Ueckermünde mit seinem Hafen nicht weit, um Glaswaren zu verschiffen.

Am 21. Dezember 1705 wurde in Stettin ein entsprechender Vertrag geschlossen, und 1707 konnte der Betrieb aufgenommen werden. Gundelach kam mit mehreren Verwandten, die ihn auch während seiner Abwesenheit vertraten, und Glashüttenarbeitern. In einer Glashütte wurden verschiedene Handwerker gebraucht: Aufbläser, Strecker, Hohlbläser, Schürer, Werker, Scheiterhauer, Aschefahrer, so hießen die Tätigkeiten. Gebraucht wurden zudem Fuhrleute und Kistenmacher.

Das Unternehmen wurde jedoch schon bald vom Unglück verfolgt: 1708 griff die in Polen wütende Pest auf Ostpreußen über und tötete ein Drittel der Bevölkerung. 1712 drangen russische Soldaten bei der Verfolgung schwedischer Truppen in Vorpommern ein und plünderten die Glashütte vollständig aus. Man flüchtete ins Ausland – drei Kilometer weit, ins benachbarte Mecklenburg. Drei Jahre lag der Betrieb still, bis das Land im Juni 1714 an Preußen fiel. Die Hütte wurde instand gesetzt und die Arbeit wieder aufgenommen. Sie blieb in Betrieb, bis sie 1743 geschlossen wurde.

Gundelach baute auf dem Scharmützel sein Haus, das erste in Ferdinandshof, und die Kirche. Von einer Reise nach Lübeck brachte er einen Taufengel mit. Gundelach starb 1737 in Ueckermünde und wurde in seiner Kirche beigesetzt. Neben ihm wurde Christoph Ludwig Henrici aus Ueckermünde begraben, Königlicher Amtsnotar, Wirklicher Kriegs- und Domänenrat, Amtmann von Königsholland, ein Verwaltungsbezirk, etwas kleiner als der spätere Kreis Ueckermünde.

Preußen beteiligte sich unter Führung König Friedrich Wilhelm I., des Soldatenkönigs, an der Seite Russlands, Dänemarks und Sachsens am Großen Nordischen Krieg gegen Karl XII. von Schweden und bekam 1715 als Kriegsbeute einen Teil Vorpommerns, von der Oder bis zur Peene. Der westliche Teil, »Schwedisch-Pommern«, blieb schwedisch und wurde erst 1815 preußisch. Preußen ging es vor allem um den Hafen Stettin. Gerhard Ehlerts Heimat wurde also preußisch – und bis Meiersberg war es nicht mehr lange hin.

Im Dezember 1747 tobte ein Orkan über Vorpommern, der in der Ueckermünder Heide großen Schaden anrichtete. Prinz Moritz von Dessau, höchster Beamter Pommerns, jüngster Sohn des »Alten Dessauers«, kam in Begleitung des Oberforstmeisters Meier, des höchsten Forstbeamten Vorpommerns mit Sitz in Torgelow. Nach der Besichtigung wurde beschlossen, am Waldrand mehrere Glashütten zu errichten, um die riesige Menge toten Holzes sinnvoll zu verarbeiten.

Ehlerts Heimatdorf verdankt seine Entstehung also einem Naturereignis. Als Gründungsjahr wird 1749 angegeben, weil es am 1. Februar 1749 zum ersten Mal mit dem Namen Meiersberg – zu Ehren des besagten Oberforstmeisters Meier – schriftlich erwähnt wurde. Sicher ist, dass bereits 1748 mit dem Bau der Glashütte begonnen wurde. Auf deren Grundstück eröffnete Gerhards Großtante Anna Koppermann, Ehefrau von Otto Koppermann, dem jüngsten Bruder seines Großvaters Albert Koppermann, um 1900 einen Gemischtwarenladen, damals auch Kolonialwarengeschäft genannt. Um die Waren für ihr Geschäft einzukaufen, fuhr sie regelmäßig nach Stettin.

Eine bemerkenswerte, tatkräftige Frau, dachte sich Gerhard beim Lesen der schwergewichtigen Lektüre. Denn Gerhards Großtante bewerkstelligte alles allein. Ihr Mann arbeitete mit vier anderen Koppermanns, darunter Gerhards Großvater, seit 1885 in Berlin als Maurer am Bau des Reichstagsgebäudes. Es war nicht das letzte Mal, dass die Familie Ehlert und ihre Vorläufer an epochalen deutschen Monumenten arbeiteten oder an epochalen Ereignissen teilhatten.

Ihren vier Kindern schärfte Großtante Anna ein, auf dem Hof nicht zu buddeln, weil sich dort noch Relikte der aufgelassenen Glashütte in Form scharfkantigen Glasflusses befinden könnten. Das erzählte später ihre jüngste Tochter Wally dem kleinen Gerhard während eines Besuchs in Göttingen.

Annas Geschäft ging irgendwann in andere Hände über, doch als Junge war Gerhard des Öfteren bei seiner Großtante zu Besuch. Und beim Lesen der Kirchenbücher erinnerte er sich wieder an all die verlockenden

Gerüche, die ihm im Geschäft der Tante Anna in die Nase gestiegen waren. Er spürte den unverwechselbaren Geruch von Holzpantoffeln, Stoffen, Sauerkraut, Heringen, Peitschen für kleine Jungs und Kautabak, Priem genannt. Und eine Melancholie ergriff ihn, sodass er minutenlang innehielt.

Irgendwann schlug er die nächsten Seiten auf. Da las er von Glasarbeitern seiner Familie, die sich in dem Dorf ihre reetgedeckten Holzfachwerkhäuser errichteten. Das Reetdach war damals das Dach armer Leute, heute ist es die wohl teuerste Art der Eindeckung. Die Glasarbeiter hatten eine kleine Landwirtschaft von fünf Hektar Grund, auf dem sie Roggen und Kartoffeln anbauen konnten, eine Wiese, die das Heu für die Kühe lieferte, drei Schweine, zwei Kühe und Hühner. Die landwirtschafliche Arbeit besorgten die Frauen, die außerdem noch ihre vielen Kinder aufzogen. Manchmal half noch ein Großelternteil im Haus mit. Der arbeitsfreie Sonntag war für die Männer in der kleinen Landwirtschaft fast das ganze Jahr über ein voller Arbeitstag.

Das Holz des großen Orkans von 1747 war knapp zehn Jahre später bis auf wenige Reste verarbeitet, und die Glashütte wurde geschlossen. Die meisten Arbeiter blieben, denn sie lebten längst nicht mehr ausschließlich von ihrer Arbeit, sondern hatten eine kleine Landwirtschaft aufgebaut und waren Selbstversorger. Bei den meisten reichten deren Erträge freilich nicht zum Lebensunterhalt, und so mussten sie andere Berufe erlernen. Damit entwickelte sich aus dem Dorfteil Meiersberg eine Handwerkersiedlung. Die Herkunft der Glasarbeiter ist nicht genau bekannt, doch es ist anzunehmen, dass viele aus dem Südwesten Deutschlands kamen.

Der andere Teil des Ortes, ein Bauerndorf gleich im Anschluss am westlichen Rand des bereits bestehenden Glashüttendorfs, entstand im Sommer 1749. Die Ansiedlung ging auf eine Initiative des preußischen Königs Friedrich II. zurück, der bestrebt war, Siedler in sein menschenarmes Land zu locken, um die durch seine zahlreichen Kriege verursachten Menschenverluste auszugleichen. Die Bauern dieses Dorfteils kamen aus Mecklenburg und Schwedisch-Pommern. Deren Vorfahren waren zum größten Teil im Zuge der Ostkolonisation durch den Deutschen Orden um 1100 aus Schleswig-Holstein zugezogen. Daher erklärt sich das hiesige Plattdeutsch, das dem Holsteinischen ähnelt. Außerdem gibt es hier Familiennamen, die auch in Schleswig-Holstein gebräuchlich sind. Der Name der Familie Ehlert kommt dort häufig vor, mehr noch die Pluralform Ehlers.

In anderen Dörfern kamen viele Siedler aus Südwestdeutschland. Die Bauern bekamen Hofstellen mit einer Größe von 20 Hektar zugewiesen. Damit waren sie Vollerwerbslandwirte. Dieser Dorfteil wurde Schlabrendorff genannt. Denn es war üblich, neu entstandene Dörfer nach hohen preußischen Beamten der Kriegs- und Domänenkammern Stettin und Berlin zu benennen, obwohl sie schon Namen hatten. So nannte sich Aschersleben, das frühere Hühnersdorf, nach dem Kammerpräsident Georg Wilhelm von Aschersleben. Blumenthal, früher Schale Heide, wurde benannt nach dem Wirklichen Geheimen Etats-, Kriegs-, dirigierenden Minister, Exzellenz Adam Ludwig von Blumenthal zu Berlin, und das frühere Brandhorst erhielt den Namen des Geheimen Rats und Kammerdirektors Ernst

Wilhelm von Schlabrendorff. Diese Praxis hatte sich schon unter König Friedrich Wilhelm I. eingebürgert, der anlässlich einer Inspektionsreise vier Dörfer nach seinen Söhnen umbenannt hatte: Ferdinandshof, Friedrichshagen, Wilhelmsburg und Heinrichswalde, früher Mückenhorst.

Da den plattdeutsch sprechenden Dorfbewohnern Schlabrendorff zu holperig klang, machten sie daraus Schlabberndorf. Das klang etwas abwertend, und so hat man sich wohl auch vom Klang her für Meiersberg entschieden. In kirchlichen Urkunden wurde aber noch in den 1930er-Jahren der traditionelle Name Schlabrendorff verwendet.

Die Handwerker aus der ursprünglichen Glasmachersiedlung arbeiteten später als Maurer, Zimmerleute und in Ziegeleien. Viele waren in einer Eisengießerei, in der »Guss«, tätig. Denn im Ueckermünder Kreis fand sich in geringer Tiefe Raseneisenstein in einer mitunter nur zwanzig Zentimeter dicken Schicht, die das Pumpenwasser bräunlich färbte. Plattdeutsch wurde dieser wertvolle Rohstoff als »De root Voss«, der rote Fuchs, bezeichnet. Der Abbau dieser stark eisenhaltigen Schicht führte zur Gründung mehrerer Eisengießereien. Alles, wirklich alles, was in und um Meiersberg in Vorpommern steht, das wusste Gerhard Ehlert nach dem zwölften und letzten Kirchenbuch, das er jetzt wehmütig aus der Hand legte, gründete also auf Asche – der Asche, für die der Orkan 1747 Futter geliefert hatte.

Ehlert will noch schnell das Bild von Riele in sich wachrütteln, doch es bleibt ihm keine Sekunde mehr, er muss sich ganz aufs Fliegen konzentrieren, kurvt mit der Maschine von links nach rechts und umgekehrt, um der Flak unten keine gerade Flugbahn zum Vorhalten zu bieten. Der Bleistift in der Glaskuppel springt wie wild von einer Seite auf die andere.

»Verdammt, wir müssen hier raus, Herr Leutnant«, krächzt Schlotter in sein Kehlkopfmikrofon. »Hart nach rechts, Herr Leutnant.«

An allen Ecken und Enden kracht es jetzt. Die weißen Wölkchen, die die Granaten der Flugabwehrgeschütze bei ihrer Explosion hinterlassen, kommen immer näher an die Maschine heran. Der Professor setzt noch einmal mit zitternder Stimme einen Funkspruch an ihr Flugfeld ab, gibt die letzte Position durch, obwohl er nicht genau weiß, wo sie wirklich sind. Als er den Beschuss meldet, bekommt er vom Boden »VG.VG.VG« zurück. Viel Glück, viel Glück, viel Glück! Dann bekommt das Seitenleitwerk den ersten Splitter ab, was Ehlert sofort in massive Schwierigkeiten bringt. Die Do 217 lässt sich kaum noch steuern. Der Flugzeugführer setzt seine ganze Kraft ein. Schweiß rinnt ihm von der Stirn in seine Fliegermaske. Und dann schaltet er instinktiv die automatische Steuerung ein. Die Maschine nimmt einen pfeilgeraden Kurs ein, was der Flak das Zielen erleichtert.

Die Nacht ist ausgesprochen hell, Vollmond, klarer Himmel. Es ist 1.15 Uhr, die Zeit, die später im Kriegstagebuch der 2. Luftflotte eingetragen wird. Daneben der Satz: Funkverkehr mit »K7 + FK« reißt ab. Die Flughöhe beträgt zu diesem Zeitpunkt nur mehr 80 Meter. Das ist gut, denkt sich Ehlert, je tiefer wir sind, desto schneller sind wir über die Flakstellungen weg. Doch da hat er die Rechnung ohne die Russen gemacht.

Plötzlich bekommt die Do 217 Geschützfeuer von hinten. Da die russischen Soldaten zu viel Zeit brauchen, um die tieffliegende deutsche Maschine direkt ins Visier zu bekommen, schießen sie einfach hinter Ehlert und seinen Kameraden her – und treffen. Zuerst bekommt der rechte Motor einen Volltreffer ab und beginnt sofort zu brennen. Dann ist es, als werde das ganze Flugzeug von einer gewaltigen Schrotflinte durchsiebt. Überall splittert Glas, und scharfe Metallteile segeln durch die Luft. Überall, wo Benzin ist, in den Tragflächen, in Schläuchen und Leitungen, brennt es jetzt lichterloh. Die Do 217 von Leutnant Gerhard Ehlert sieht aus wie ein Komet mit Feuerschweif.

Die Männer sitzen im Flugzeug wie Münchhausen auf seiner Kanonenkugel, die irgendwann den Zenit ihrer Flugbahn überschritten haben muss und danach unbarmherzig auf der Erde einschlagen wird. Für die russischen Kanoniere am Boden ist das ein schöner Anblick, für die deutsche Besatzung ein verzweifelter Überlebenskampf. Und als ob der ganze Feuerzauber nicht schon genug wäre, fährt den Männern in ihrem brennenden Sarg jetzt ein Schrei in die Ohren, der ihnen das Blut in den Adern gefrieren lässt. Der Professor ist getroffen. Ein Granatsplitter hat ihm das Gesicht aufgerissen, die Nickelbrille aus dem Gesicht geschlagen. Blutüberströmt ringt er nach Luft. Burr lässt sein Maschinengewehr sofort sinken und klettert zum Professor nach vorne. Der schreit immer noch um sein Leben. Mehr und mehr geht das Schreien in ein Röcheln über. Als Burr endlich bei Unteroffizier Williges eintrifft, sieht er sofort, dass dem Jungen nicht mehr zu helfen ist. Das scharfe Eisenteil der Granate hat die Halsschlagader verletzt. Der Professor blutet aus einer großen Wunde, kann nicht mehr sprechen, wimmert und röchelt und starrt seinen Kameraden, den Bordschützen Willi Burr, mit dem einen Auge, das unverletzt blieb, flehend an. Hilf mir, will es sagen, das heile Auge. Und dann sieht der Professor hinter einem Schleier aus Blut und Tränen das Gesicht von Burr, der sich über ihn beugt und ihm verzweifelt ein lächerlich kleines Verbandspäckchen auf die Schlagader presst. Im Gesicht seines Kameraden erkennt der Professor, dass er verloren ist, dass er sterben wird, hier und jetzt, über dieser gottverdammten Frontlinie in diesem gottverdammten Flieger, den es bald nicht mehr geben wird.

Burr kann sich nicht verstellen, kann dem tödlich getroffenen Kameraden keinen Mut zureden, ihm keinen Blick der Hoffnung schenken, selbst das kleinste Lächeln schmerzt ihn. Er will kein Lügner sein in Williges letzten Minuten. »Vater unser, der Du bist im Himmel.«

Burr betet ins Kehlkopfmikrofon hinein, und der Professor, dem die Granate die Kopfhörer und das Mikro abgerissen hat, muss es nicht hören, er kann es von Burrs Lippen ablesen. Dann hat der Sterbende so viel Blut verloren, dass er ohnmächtig wird. Er wird den Absturz nicht mehr miterleben. Und Williges Mutter wird sie wieder hören, die klare Fuge, wie beim Tod ihres Mannes. Jetzt hat sie auch noch ihren jüngsten Sohn verloren.

Burr weint verzweifelt, und die anderen beiden in der Maschine wissen, was passiert ist, ohne dass ihnen der Bordschütze Meldung machen muss. Der Bleistift in der Glaskuppel unter dem Sitz von Beobachter Hanns Schlotter hält eine Sekunde lang inne, als wolle er salutieren.

Wären ihm der gellende Todesschrei von Bordfunker Karl-Heinz Williges aus Gifhorn, genannt Professor, und das Weinen von Feldwebel Willi Burr nicht derartig in die Knochen gefahren, Ehlert hätte in aller Ruhe versucht, den Vogel aus der Schusslinie zu bringen. Aus der Sitzposition des Piloten, ganz vorne in der Do 217, sieht er nur den rechten Motor brennen. Nicht so schlimm, denkt er. Minutenlang weiß er nicht, in welch bedrohlicher Lage sich das ganze Flugzeug und seine Besatzung befinden. Solange wir fliegen, brauchen wir uns keine Sorgen machen, redet er sich ein. Doch dann huscht sein Blick über Höhen- und Geschwindigkeitsmesser. Schlagartig wird ihm klar, dass die Maschine kurz davor ist, auf dem Boden aufzuschlagen. Bestenfalls würde es eine unkontrollierte Bauchlandung geben. Die Überlebenschancen, das weiß der junge Pilot nur zu genau, wäre für alle in der Maschine bei Null. Für eine zweimotorige Maschine wie die ihre gibt es bei Nacht und an Land keine günstige Stelle für eine Bauchlandung. Kommt ein Acker, überschlägt sich das Flugzeug mit 300 Stundenkilometern. Da bleibt kein Teil am anderen heften, denkt sich Ehlert, der sich das noch schlimmere Szenario ausmalt, dann nämlich, wenn das Flugzeug mit 300 Sachen in einen Wald oder gegen ein Gebäude kracht. Beide Absturzvarianten wird keiner überleben, ahnt der Pilot, und Panik steigt in ihm auf. Wie lange wird es noch dauern? Zehn, dreißig oder gar noch hundert Sekunden? Jedenfalls nur Sekunden.

Gerhard beginnt, sein kurzes Leben zeitrafferartig an sich vorbeiziehen zu lassen, denkt an den Vater. Immer wieder der Vater. Ihm hat er es zu verdanken, dass er Soldat wurde. Ihm hat er es zu verdanken, dass er jetzt in dieser Todesmaschine sitzt. Der Vater, Albert Ehlert, geboren im August 1894, dessen Vorfahren ihr Leben lang einen Bauernhof bewirtschaftet hatten, war schlank und groß, hatte dunkle Haare und erlernte früh in Ueckermünde bei einem »Stadtpfeifer«, bei dem er auch wohnte, die Instrumente Geige und Tenorhorn. In dieser Zeit bereitete sich das alte Europa auf seinen ersten großen Krieg vor.

Wie Millionen andere wurde Albert Ehlert nach seiner Ausbildung 1913 in Stettin Soldat. Als Kriegsfreiwilliger nahm er am Weltkrieg gleich bei Kriegsbeginn teil. Kurzzeitig war er in Russland, sonst nur in Frankreich eingesetzt. Dort erlebte er das Grauen der Schlachten an der Somme, bei Verdun, am Winterberg und bei Reims. Seine Haare wurden grau. Das sahen Frau und Söhne bei seinem kurzen Fronturlaub 1916. Doch stellten sie keine Fragen. Albert gab sich verschlossen und schwieg. Außer über eine dramatische Begebenheit, einen Melderitt, bei dem sein Pferd durch neun Schüsse tödlich getroffen wurde, er aber unverletzt blieb, hatte er seinen Söhnen aus dem Krieg nichts zu erzählen. Auch blieb seine Anteilnahme am täglichen Geschehen auf ein Mindestmaß beschränkt. Es war, als habe er das zivile Leben verlernt. Trotzdem war der Urlaub schneller vorbei, als es den Söhnen lieb gewesen wäre.

Albert Ehlert wurde nie verwundet, zumindest erzählte er nie von einer Verwundung. Aber gerade sein Schweigen über den Krieg weckte die Neugier der Söhne. Das Schweigen, das eine ganze Generation von Weltkriegssoldaten befiel, würde der Keim sein für den nächsten, den schlimmsten Weltenbrand aller Zeiten. Die Söhne wussten es nicht besser, als sie von der Nazi-

Propaganda in das nächste Schlachthaus getrieben werden sollten.

All das kommt dem jungen Piloten jetzt in den Sinn. Es ist, als habe er bereits stundenlang nachgedacht, als die Maschine für eine halbe Sekunde den Boden berührt, dann wieder leicht ansteigt. Gerhard verabschiedet sich ruhig von seiner Freundin Riele. Von ihr hat er einen Talisman, einen kleinen Elefanten aus Elfenbein, den er tagaus, tagein in der Uhrentasche seiner Hose mit sich führt. Er nimmt ihn in die rechte Hand, macht eine Faust um ihn herum, wie zum Schutz, stellt sich vor, wie die Russen Mühe haben werden, die tote Faust zu öffnen. Wenn er jetzt stirbt, will er etwas von Riele in den Händen halten, wenn er dann tot ist, will er es mit hinübernehmen.

Die drei noch lebenden Männer in der waidwunden Maschine warten auf den großen Knall, einen Zusammenprall mit einem Baum, einem Haus. Jeder klammert sich an seinen Sitz. Vorne der Pilot, Gerhard Ehlert, unter ihm in der Glaskuppel der Beobachter, Oberfeldwebel Hanns Schlotter aus Frankfurt am Main. Hinter ihnen der Bordschütze, Willi Burr aus Heidenheim. Der kann den Blick vom toten Professor, dessen Leiche wie ein seltsames rotes Knäuel aus Knochen, Haut und Fliegerkombi aussieht, nicht abwenden.

Nach dem Aufprall würde es sicher dunkel sein und still, unendlich still, denkt sich Ehlert. Dann hören sie ein lautes Schaben, Krachen und Klirren. Ein Ruck geht durch die Maschine, ein schrecklicher Ruck, der ihnen den Boden wegreißt. Nein, nicht den Boden, sondern die Glaskanzel unterhalb des Piloten – dort, wo der Bleistift das Tanzen einstellte und wo Schlotter in dieser

Sekunde stirbt. Zuerst reißt es dem Oberfeldwebel beide Beine ab, dann zerquetscht der vordere Teil der Kanzel den Rest des leblosen Körpers und zieht ihn mit sich nach hinten. Der zerquetschte Schlotter und die zertrümmerte Do 217, sie gehören jetzt nicht mehr zusammen. Der lange Oberfeldwebel mit den scharfen Augen und der krummen Nase fällt bei Sarny auf einer grünen, vom Raureif feuchten Wiese. Hanni Schlotter mit ihren beiden Söhnen, Fritz, drei, und Max, erst ein knappes Jahr alt, werden den Mann, den Vater, nicht mehr wiedersehen. Nie mehr wiedersehen. Eine Glaskanzel ist sein Sarg geworden, und niemand kann je ein Kreuz an seinem Grab aufstellen, weil es keines geben wird.

Um ihr Leben kämpfen derweil noch zwei andere. Der Torso der zertrümmerten Maschine gibt ihnen Schutz. Das Flugzeug, oder das, was davon noch über ist, schlittert über eine Wiese wie bei einer Schlittenpartie im bayerischen Winter. Doch den Überlebenden werden die Sekunden des Gleitens zu einer Ewigkeit des Grauens.

Und dann? Dann geschieht nichts, einfach nichts. Stille stellt sich ein. Nur das leise Knistern der Feuer ringsum ist zu hören. Die große Glaskuppel ist nicht nur unter dem Pilotensitz abgebrochen, sondern auch direkt davor. Das rettet Ehlert das Leben. Wäre sie nicht abgerissen, hätte er das Flugzeug nicht verlassen können und wäre womöglich jämmerlich verbrannt. Der Pilot kann es nicht fassen, ist wie versteinert, als die Do 217 steht. Geistesgegenwärtig klettert er nach vorne aus der Maschine heraus. Er ist völlig unverletzt. Und irgendwie ist sein erster Gedanke ein wenig dumm: Gerhard, jetzt musst du zu Fuß nach Haus gehen. Der zweite

Gedanke aber ist messerscharf: Weg von hier. Weg von den beinahe leeren Tanks mit dem hochexplosivem Gasgemisch und weg von den acht Blitzbomben, die sich noch an Bord befinden und die jeden Augenblick explodieren können. Ehlert rennt um sein Leben. Nach wenigen Sekunden trifft er auf Burr, der gerade seinen Fallschirm abschnallt. Dann laufen die beiden weg von der Absturzstelle. Nach zweihundert Metern schmeißen sie sich auf den Boden. Gleich wird das ganze Ding mit einem lauten Knall in die Luft gehen. Doch wieder passiert nichts. Still und leise brennt die Maschine vor sich hin. So wagen es die beiden, um das brennende Flugzeug herumzuschleichen. Sie suchen nach Schlotter, rufen leise den Namen des Toten, der sie nicht mehr hören kann. Schlotter ist verstreut über dreihundert Meter Absturzstelle. Gut, dass die beiden das nicht wissen. Ihr Mut hätte sie vielleicht verlassen. So aber verständigen sie sich mit kurzen, knappen Worten. Sie müssen weg hier, bevor die Russen kommen. Von der Do 217 bleibt nach ein paar Minuten nur mehr Asche.

III. Sümpfe

Nach ein paar Hundert Metern atemloser Flucht wiegen sich der Leutnant und der Feldwebel einstweilen in Sicherheit. Sie atmen kurz durch, mit dem Rücken an einen großen Baum gelehnt, der ihnen im hellen Mondlicht Deckung bietet. Ehlerts Schädel pocht vor Anstrengung. Burrs verbrannte Haut beginnt zu schmerzen, und sein Herz rast. Zum ersten Mal seit dem ersten Flaktreffer über den russischen Linien gönnen sie sich ein paar Minuten Zeit, sich über ihre Lage Gedanken zu machen. Burr tastet seinen Körper ab, besonders die Stellen, die wie Feuer brennen – Hände, Wangen, ein Teil des Brustkorbs, der nicht ganz von der Fliegerkombi bedeckt war. Alles fühlt sich trotz der spürbaren Hitze, die die Haut abstrahlt, feucht und uneben an. Eine erste Angst kommt in ihm auf und setzt sich fest. Warum muss ich auch noch dieses verdammte Flugbenzin abbekommen haben, fragt sich Burr und schämt sich im gleichen Augenblick, weil er an den Professor denken muss, dessen toten Körper sie nicht mehr aus der brennenden Maschine bergen konnten.

Während Burr seine Wunden untersucht, jagen dem Piloten neben ihm tausend Dinge durch den Kopf. Wo genau waren sie, als ihre Maschine getroffen wurde? Wie weit ist es bis zur Front? Burr wird auch nicht mehr wissen als ich, denkt sich Ehlert. Keine Not also, ihn mit meinen Fragen verrückt zu machen. Und dann geht

Ehlert im Kopf noch mal die Flugstrecke durch, überlegt genau, wo die Absturzstelle liegen muss, und weiht endlich, nach endlos langen zehn Minuten, auch seinen Bordschützen ein. »Ich schätze mal 60 Kilometer. Wir brauchen drei Nächte«, flüstert Ehlert.

»Und dann?«, fragt Burr und spürt seine eigene Verzweiflung wie einen kalten Schauer über seine verbrannte Haut rinnen. »Wie kommen wir auf die eigene Seite, ohne von den Russen gefasst oder von den eigenen Leuten abgeknallt zu werden, Herr Leutnant?«

»Alles zu seiner Zeit«, flüstert Ehlert, streckt seine Glieder und hangelt sich langsam am Baum hoch, bis er steht. Burr tut es ihm gleich. Ihm wird schwindelig.

Ehlert sieht den Kameraden wanken. »Lassen Sie mal sehen, Burr. Wie schlimm ist's denn?«

»Geht schon. Nicht der Rede wert, Herr Leutnant.«

Im Schein des Mondes sieht sich Ehlert die Brandwunden an. Und tatsächlich: »Soweit ich das bei dem Licht sehen kann, Burr, ist alles schön rot und mit prächtigen Blasen überzogen. Das ist doch ganz wunderbar. Schlimm wär's, wenn's schwarz wäre. Tut ein bisschen weh. Bis Sie heiraten, ist das alles wieder rum!« Beim Wort »heiraten« zucken beide zusammen. Sie stehen sich stumm gegenüber, bis Ehlert die Sprache wiederfindet und Burr ein Zeichen gibt, dass sie sich noch ein paar Minuten ausruhen werden. Jetzt hat der Feldwebel Zeit, an daheim, an seine Linda zu denken, an ihre blonden Haare, die sie sich hinter die Ohren streift. An die eine Tolle, die ihr dabei oft ins Gesicht fällt. An ihr strahlendes Lächeln. Und Burr weiß, dass sie jeden in Mergelstetten haben könnte. »Aber ich will nur mit dir zusammen sein, Willi, das weißt du doch«, hat sie ihm ins

Ohr geflüstert und gelacht, als er am Ende seines letzten Fronturlaubs seine Bedenken äußerte. Das Lachen lässt ihn jetzt zweifeln. Ob sie mich auch noch wollte, wenn sie mich jetzt sehen könnte, schießt es ihm durch den Kopf. Und seine Zweifel schmerzen ihn gerade mehr als sein brennendes Fleisch.

Zweifel kennt Ehlert nicht. Er weiß, dass Riele zu ihm hält, immer zu ihm halten wird. Sie passen einfach zusammen. Besser kann man nicht zusammenpassen. Sie ist 18 Jahre, er 20, als sie ihm zum ersten Mal auffällt. Es ist in Kolberg, der alten Festungsstadt an der Ostsee, die zum Kriegsende hin ein schreckliches Schicksal auszuhalten hat. Dort war Ehlert ein paar Tage zuvor stationiert worden – am benachbarten Flugplatz in Bodenhagen. Von dem aus waren im Spätsommer 1939 die ersten Kampfflugzeuge gestartet, um polnische Städte zu bombardieren. Jetzt, da der junge Pilot die Kriegsschule in Werda bei Potsdam hinter sich hat, ist er mit 60 weiteren Fliegern dorthin versetzt worden. Es ist Februar 1942. Während vor Moskau bereits gestorben wird, feiern sich die jungen Piloten in Kolberg selbst und genießen ihr Leben wochenlang in vollen Zügen. Sie treiben sich nach Dienstschluss in den Kneipen herum, vergnügen sich bei langen Spaziergängen an der Ostsee, weilen bei Konzerten im Ufa-Palast oder lassen sich zu illustren Gesellschaften einladen. Es ist ein fröhliches, sorgloses Leben mitten im Krieg.

Eines Nachmittags, Ehlert ist gerade mit dem Fahrrad vom Flugplatz in die Stadt unterwegs, sieht er sie am Straßenrand, eingehüllt in einen Mantel, ein rotes Tuch auf dem Kopf. Schon von Weitem übt ihre zarte Erscheinung eine unglaubliche Anziehung auf ihn aus.

In den nächsten Tagen laufen sie sich immer wieder über den Weg, er, der junge Leutnant, sie, die Schülerin. Mit jedem Blickkontakt wird Ehlert mehr und mehr klar, dass ihm diese Frau nicht mehr aus dem Sinn gehen wird. Er gibt sich alle Mühe, sich auf seine Ausbildung zu konzentrieren, aber immer häufiger schweifen seine Gedanken ab. Längst weiß er, wie sie heißt, auf welche Schule sie geht. Piloten sind Meister der Aufklärung. Gabriele, Riele, Müller. Immer wieder treffen sich ihre Blicke, und irgendwann fängt er ein erstes Lächeln ein. Doch es dauert Wochen, nein, sogar Monate, bis sie die ersten Worte wechseln.

Wieder ist der Leutnant auf dem Fahrrad unterwegs, als er an Riele, die in Begleitung einer Schulfreundin ist, vorbeifährt. Wieder ist er unkonzentriert, und so kommt er mit dem Rad ins Schlingern – so ungeschickt, dass er kurz nach den beiden jungen Frauen abrupt anhalten muss, um nicht zu stürzen. Die Mädchen kichern, und endlich hat Gerhard Ehlert einen Vorwand, sie anzusprechen. Plump fährt er die beiden an, man könne doch einen deutschen Offizier nicht dafür auslachen, dass ihm ein Missgeschick passiert sei.

Doch in der gleichen Sekunde merkt er, wie er die jungen Frauen damit verschreckt. Er schickt ein entschuldigendes Lächeln hinterher und verwickelt die beiden in ein belangloses Gespräch, bei dem Riele und er immer mehr im Mittelpunkt stehen. Rieles Klassenkameradin merkt, dass sie überflüssig ist, und macht sich unter einem Vorwand davon. Dann reden Riele und Gerhard noch ein bisschen miteinander, und er zögert die Zweisamkeit so lange hinaus, bis er all seinen Mut zusammennimmt und Riele ins Kino einlädt. Sie willigt ohne zu überlegen ein. Von diesem Augenblick an sind sie unzertrennlich. Sie besuchen sich gegenseitig, und nach zwei Monaten führt Gerhard seine Riele in die Familie ein. Es ist der Beginn einer großen Liebe, die alle Schrecken überdauern wird – alle Schrecken, auch die, die Burr und Ehlert gerade hinter sich haben: den Abschuss ihrer Maschine, den Tod des Professors, die Tatsache, dass sie Schlotter an der brennenden Maschine nicht gefunden haben, und ihre Lage, in der sie gerade stecken, mitten im Feindesland, ohne Verpflegung. Ein wildes Tier, das nur wenige Meter an dem Baum, an dem sie lehnen, vorbeischnaubt und das sie trotz des Mondlichts nicht genau erkennen können, reißt sie aus ihren Gedanken. Linda und Riele müssen warten.

Wieder ist es Burr, der wissen will, wie es jetzt weitergeht, ob der Versuch, die eigenen Linien zu erreichen, überhaupt Sinn hat. Und wieder ist es Ehlert, der ihn beruhigt. »Keine Angst, Burr. Hier in der Gegend gibt's nicht nur russische Partisanen, sondern auch ukrainische. Die sind auf unserer Seite und haben schon einige abgeschossene Besatzungen über die Frontlinie gebracht.«

Ehlert legt große Zuversicht in seine Stimme, dabei weiß er selbst noch nicht, wie sie überhaupt in Kontakt mit den ihnen freundlich gesinnten Partisanen treten sollen, zumal sie sich nur nachts fortbewegen würden und kein Wort Ukrainisch sprechen.

Ehlert ist über seine dumme Idee selbst so verärgert, dass er aufspringt. »Auf, Burr, wir müssen los.«

Dann beginnt ihr Marsch durch die Pripjetsümpfe. Unter einem Sumpf stellt man sich gemeinhin einen Morast vor, in dem man bei jedem Schritt knietief einsinkt.

Bei den Pripjetsümpfen, zwischen dem Bug und dem Dnjepr gelegen, ist das ganz anders. Auf Tausenden von Quadratkilometern stehen Wälder und Wiesen zentimetertief unter Wasser. Darunter befindet sich meist fester Boden. Es ist, als habe der liebe Gott hier einen großen Kübel ausgegossen und vergessen, aufzuwischen. Der Sumpf ist mehr ein Überschwemmungsgebiet als ein echter Sumpf. Das liegt am mangelnden Gefälle der Wasserläufe, die das Gebiet durchziehen, und an dem Umstand, dass die südlichen Zuflüsse im Frühjahr viel früher auftauen als die nördlichen. Ehlert wundert sich, dass sein Gehirn schon wieder funktioniert, dass er all sein Wissen über Europas größtes Sumpfgebiet am liebsten vor Burr ausbreiten würde. Der würde dann sicher wieder denken: Klugscheißer.

Ehlert lässt es bleiben, auch weil er in zunehmendem Maße mit Plagegeistern zu kämpfen hat, die sich zu Tausenden auf die beiden Soldaten stürzen: Stechmücken. »Elende Biester. Die fressen so halbe Portionen wie uns glatt auf, Herr Leutnant«, murmelt Burr leise vor sich hin und noch zum Spaß.

Doch tatsächlich werden die beiden in den nächsten Tagen merken, dass die kleinen Tiere nicht ungefährlich sind. An unzähligen Stellen, selbst durch das Uniformtuch, saugen sie das Blut aus den Körpern der Männer und sorgen dafür, dass sich die Pusteln entzünden und eitrige Herde bilden. Bald sehen Ehlert und Burr aus, als hätten sie die Beulenpest. Bei Burr wird sich zudem schon bald herausstellen, dass er einige sehr schmerzhafte Brandverletzungen hat. Doch jetzt spürt er keinen Schmerz. Das Adrenalin, das der Absturz in seine Adern gepumpt hat, lähmt die Nerven.

Ehlert und Burr kommen zunächst gut voran. Marschrichtung: Norden. Dafür muss Ehlert nicht ein einziges Mal auf seinen Kompass am Handgelenk blicken. Sie brauchen keinen Kompass, denn die Nacht ist sternenklar, und der Polarstern leuchtet ihnen den Weg aus. Zwar steckt den beiden der Tod von Williges in den Knochen, aber dennoch sind sie guten Mutes. Sie sind frei. Das ist das Wichtigste. Noch sind sie frei. Sie schleichen im Mondlicht über große Grasflächen, die immer wieder von Waldstücken unterbrochen werden. Bloß keinen Krawall machen, damit kein Russe auf sie aufmerksam wird. Wenn das Gelände ein bisschen hügelig ist, gibt es auch trockene Stellen, auf denen sie sich immer wieder für ein paar Minuten ausruhen.

Sie wollen bis zur ersten Dämmerung marschieren und sich dann verstecken. Doch da taucht im Mondlicht plötzlich ein Dorf vor ihnen auf. Sie platzen aus einem dichten Unterholz mitten auf die Dorfstraße, werfen sich in einen Graben und halten den Atem an.

»Mist, hoffentlich hat uns keiner gesehen. Großer Bogen, würd' ich sagen, Herr Leutnant«, flüstert Burr und bekommt dafür ein Kopfnicken von seinem Vorgesetzten.

Gerade wollen sie sich wieder ins Unterholz verdrücken, da kommt eine Gestalt die Straße herauf. Jetzt bloß nicht bewegen, denkt Ehlert und drückt sein Gesicht in den Dreck. Burr tut es ihm gleich. Sie hören die Schritte des Mannes. Schwer fallen die Stiefel in den Staub. Er muss ein Hüne sein. Dann bleibt er stehen, keine zehn Meter von ihrem mickrigen Graben entfernt. Ehlert malt sich schon mal aus, was gleich passieren wird. Seine Fantasie fährt Geisterbahn. Russische Schreie, Lichter gehen an, Soldaten stürzen aus den Häusern, legen auf die beiden deutschen Luftwaffensoldaten an und drücken ab. Da zündet sich der Hüne zum Glück eine Zigarette an – noch bevor Ehlerts Fantasie komplett mit ihm durchgehen kann. Es riecht nach Machorka, dem starken russischen Tabak. Die zwei Minuten, in denen der Mann hektisch seinen Stummel raucht, werden zur Ewigkeit. Würde er nur einmal seinen Blick ein bisschen nach links richten, beim Mondschein, verstärkt durch die Glut der Zigarette, er könnte nicht anders, er müsste die beiden in ihrem Wassergraben entdecken.

Burr riecht den Atem des Hünen, der ihnen jetzt auch noch Schritt für Schritt näherkommt. Der Hüne redet leise vor sich hin, kichert in sich hinein. Russische Selbstgespräche sind auch nicht viel anders als deutsche, denkt sich Ehlert. Die Geschichte im Kopf des Hünen fordert ihm offenbar so viel Konzentration ab, dass er die beiden deutschen Soldaten selbst dann nicht bemerkt, als er auf Ehlerts linke Hand tritt. Der Pilot beißt die Zähne zusammen. Er hat Glück, weil der Boden unter seinen Fingern, die unter der Stiefelsohle liegen, leicht nachgibt. Der Schmerz ist auszuhalten, denkt er sich. Doch er hat die Rechnung ohne den Wirt gemacht. Der Russe dreht sich auf dem Absatz um und drückt Ehlerts Finger in die Erde. Jetzt ist es wirklich schwer, nicht zu schreien. Ehlert beißt sich auf die Unterlippe, schmeckt das Blut in seinem Mund. Doch dann atmen Burr und er auf. Der Hüne schnippt die Kippe in den Graben, dreht sich um und schlendert die Dorfstraße hinunter. Er entfernt sich Schritt für Schritt.

»Schwein gehabt, Burr«, flüstert der Leutnant.

»Wir sollten uns dünne machen«, gibt der zurück.

Sie kriechen auf allen vieren aus dem Graben ins Unterholz zurück und atmen erst mal durch. Dann machen sie einen weiten Bogen um das Dorf herum. Norden, das ist ihr Kurs, da muss die Front am nächsten sein. Und so schleichen sie lautlos und langsam durch die Nacht. Schrecklich langsam. So langsam, dass sie für die 60 Kilometer wohl drei Wochen brauchen würden. Doch für einen mutigen Schritt steckt ihnen das eben Erlebte in dem Dorf noch zu sehr in den Knochen.

Irgendwann macht sich der Morgen bemerkbar, es dämmert. Ehlert und sein Bordschütze sehen sich nach einem Versteck um. Ein Waldstück auf einem Hügel scheint ihnen geeignet. Es schützt davor, zuerst gesehen zu werden, und vor allem ist es trocken. Da schon die ersten morgendlichen Sonnenstrahlen für Wärme sorgen, ist es kein Problem, endlich die nassen Klamotten loszuwerden und zu trocknen. Nachts sind sie durch mehrere Bäche gewatet und mussten sogar einen kleinen Fluss durchschwimmen. Ehlerts Stiefel, die Reithosen mit Wildlederbesatz und sein dicker weißer Rollkragenpullover dampfen in der Sonne. Die kakifarbige Fliegerbekleidung, Hose und Jacke, hängt er über einen Ast, nicht zu hoch, damit sie nicht auffällt.

An seiner Jacke trägt der Leutnant die Hoheits- und Dienstgradabzeichen, sodass er trotz der ungewöhnlichen Uniform als Soldat zu erkennen ist. Vorschriftsmäßig hat er den Frontfliegerausweis bei sich, darauf Name und Dienstgrad, mehr nicht. Burr hat dummerweise sein Soldbuch dabei, das Ehlert jetzt zerreißt und wegwirft. »Falls uns der Russe erwischt«, ist seine Begründung.

Bevor sie sich ausruhen, suchen die beiden im Umkreis von ein paar Meter um ihr provisorisches Lager herum halbnackt nach Essbarem. Außer ein paar undefinierbaren Beeren, die sie lieber nicht in den Mund stecken, finden sie nichts Brauchbares. Burr ist so durstig, dass er einen tiefen Schluck aus einer Pfütze nimmt. Dann legen sie sich hin und sehen durch die Bäume in den blauen Himmel hinauf. Burr beginnt leise und rhythmisch zu schnarchen. Und plötzlich wird Ehlert ganz ruhig. Ein seltsames Gefühl beschleicht ihn. Nur an diesem einen Tag seines ganzen Lebens wird er dieses besondere, einmalige Gefühl spüren: Ein erhabenes, starkes Empfinden, vollkommen frei zu sein. Dieses eigenartige Gefühl kann nur entstehen, wenn man weiß, dass man gesucht und verfolgt wird, aber noch nicht erwischt worden, noch frei ist.

In dieser seltsamen Stimmung denkt Ehlert an seinen Vater, fragt sich, warum er so geworden ist, wie er ist, denkt darüber nach, warum er sich in diesen Scheißkrieg derart hat hineinziehen lassen, ohne abzuwägen, ohne zu hinterfragen. Er sieht am Himmel kleine weiße Wolken vorbeiziehen, und eine hat beinahe die Konturen der großen, schlanken Statur seines Vaters. Dann sind da plötzlich wieder die Wölkchen, die die Flakgranaten am Himmel hinterlassen, wenn sie nahe an den Flugzeugen explodieren – nahe an seinem Flugzeug.

Gerhard reißt sich zusammen, gibt sich alle Mühe, den Flak-Zauber zu verdrängen, den Absturz, den Tod von Bordfunker Williges, des Professors, wie sie ihn nannten. Ehlert will sich möglichst genau an seinen Vater erinnern, rekapituliert alles, was er weiß, haarklein, zum einen, um seinen Verstand zu trainieren und zum anderen, um auf Antworten zu stoßen. Warum ist er so, wie er ist? Warum liegt er jetzt hier unter Bäumen im

Feindesland und nicht neben Riele? Was hat der Vater damit zu tun?

Alles! Die Väter haben zu dieser Zeit alles mit dem Leben ihrer Söhne zu tun. Denn Albert Ehlert, Jahrgang 1894, ist einer von Millionen, die sich in den Ersten Weltkrieg haben treiben lassen, den ersten großen Weltenbrand. Damals, 1914, wird der Krieg weithin freudig begrüßt. Ein paar Jahre später ist er genau wie dieser jetzt, in dem er gerade steckt: einfach nur richtig elend, denkt sich Gerhard. Und wieder steigt das Bild des toten Professors in seinem Gedächtnis auf, ohne dass er die grausigen Bilder von dessen schwerer Hals- und Gesichtsverletzung dabei ausblenden kann.

Plötzlich ist das Hochgefühl der bisher geglückten Flucht verschwunden. Er ist bedrückt. Und wieder ist der Vater bei ihm, der Vater mit seiner großen, schlanken Statur und den dunklen, vollen Haaren. Insgesamt gibt er eine sportlich Erscheinung ab. Eigentlich zum Soldaten geboren, wurde er dennoch zunächst Musiker. In Ueckermünde bei einem »Stadtpfeifer«, bei dem er auch wohnte, hatte der Vater Geige und Tenorhorn gelernt.

Gerhard Ehlert weiß in diesen Minute der trügerischen Ruhe unter Russlands blauem Himmel nicht, dass ihm und Burr nur noch kurze Zeit vergönnt sein wird, diese Freiheit zu genießen. Er müsste jetzt eigentlich misstrauischer sein. Denn in den Geruch des Waldes mischt sich auch ein anderer, intensiver Duft. Es riecht nach frisch gemähtem Gras. Wo Wiesen gemäht werden, sind Bauern nicht weit. Russische Bauern. Eigentlich wollen er und sein Feldwebel nur bei völliger Dunkelheit marschieren. Doch die sengende Sommersonne und ihre innere Unruhe lassen ihnen nach einem kleinen Nickerchen keine Ruhe mehr. Sie geben dem unwiderstehlichen Gefühl nach, weiterzulaufen.

Zunächst geht auch alles glatt. In der frühen Dämmerung verlassen sie das Wäldchen auf der Anhöhe, das ihnen Schutz geboten hat – viel zu früh, als dass sie schon die Dunkelheit umhüllte. Sie sind hin und hergerissen zwischen Anspannung, Erleichterung, Ungeduld und Trauer. Ihre Schritte werden immer schneller, die Trampelpfade, die sie nehmen, werden zu breiteren Pfaden, die Pfade zu Wegen. Immer schneller wollen sie vorankommen. Fast rennen sie und lassen alle Vorsicht fahren. Plötzlich stehen sie auf einer breiten, staubigen Straße. Und dann ist es eigentlich schon zu spät. Ein Junge kommt ihnen entgegen. Ein paar Kühe treibt er vor sich her.

»Los«, zischt Burr und meint damit, sie sollten sich in die Büsche schlagen.

Doch Ehlert hat schnell seine Fassung wiedergewonnen. »Ist doch nur ein kleiner Junge.«

Und auf den geht er jetzt zu. Der Kuhhirte, vielleicht zwölf Jahre alt, hält inne. Ehlert lächelt ihn an, hält die flachen, nackten Handflächen seitlich in die Luft. Hier, schau her, wir haben keine Waffen. Das ist gelogen, weil er seine Pistole mit aus der Do 217 gerettet hat. Dann fängt der Pilot an, mit den Händen zu fuchteln und sucht die wenigen Brocken Russisch zusammen, die man ihm in den letzten Ausbildungswochen im Schnelldurchgang beigebracht hat. »Soldaten, Partisanen in der Nähe?«

Der Bursche versteht und schüttelt den Kopf. Oder versteht er doch nicht? Oder lügt er gar? Die beiden werden es früh genug erfahren. Der Junge lässt sie einfach stehen und zieht mit seinen Kühen auf der Straße weiter. Man sieht ihm sein Unbehagen an, auch wenn er sich freundlich und ruhig, sogar ein wenig besonnen gibt. Ehlert und Burr sehen ihm hinterher, mit offenem Mund, als könnten sie es nicht fassen, mit welcher Gleichgültigkeit der Junge seiner Arbeit weiter nachgeht, obwohl er gerade auf zwei deutsche Soldaten gestoßen ist.

Ist es Mut oder Gleichgültigkeit, die den Burschen antreibt? Auch nach fünfzig Metern wird er nicht schneller. Jetzt könnte er zu rennen beginnen, und die beiden Deutschen würden ihn wohl nicht mehr einholen können. Doch der Junge geht langsam neben seinen Kühen her, als sei nichts gewesen.

Ehlert und Burr setzen sich an den staubigen Straßenrand. Ihre Kehlen schmerzen vor Durst. Der Magen knurrt. Noch immer ist es dämmerig, und eigentlich hätte dem deutschen Leutnant und seinem Feldwebel die Begegnung mit dem Kuhhirten Warnung genug gewesen sein müssen. Doch die Ruhe, die der Zwölfjährige, mit dem sie eben Gesten ausgetauscht haben, ausgestrahlt hat, die trügerische Sicherheit, die Gleichgültigkeit die er vermittelt hat, lässt die beiden noch unvorsichtiger werden. Sie bleiben auf der Straße, zunächst noch halb gebückt und sprungbereit, dann aufrecht gehend.

Nach ein paar hundert Metern kommen sie an den Saum einer großen Lichtung und zucken zusammen. Dort hinten, ein bisschen mehr als einen Steinwurf weit, stehen drei Blockhäuser, die sich an den Waldrand schmiegen, fast ein wenig untertauchen unter den ersten Baumreihen. Dennoch sind ihre Konturen noch gut zu erkennen. Es riecht nach Holz, frisch gehacktem Holz, und Rauch. Und es riecht nach etwas Gebratenem. Das vernebelt den deutschen Soldaten die Sinne, und sie erkennen erst ein paar Meter vor den Blockhäusern, dass sie gerade an einigen Frauen vorbeigegangen sind, die auf einem kleinen Feld vor den Blockhütten etwas mit ihren Händen ausgraben.

Abendessen, Kartoffeln, denkt Burr jetzt, und Ehlert dreht sich rasch in alle Richtungen. Rundumsicherung, wie er es an der Offiziersschule gelernt hat. Die Frauen wirken ängstlich und beklommen, als sie die beiden Deutschen sehen. Sie tuscheln miteinander, und Ehlert kann nur ihre Kopftücher sehen. Für die Konturen ihrer Gesichter ist es jetzt auf diese Entfernung schon zu dämmrig. Man erkennt nur Kopftücher, die sich unterhalten, vor dunklen Blockhütten, in denen es nach Essen, Frieden und Ruhe riecht. Ehlert hätte sich am liebsten auf die Bank vor einer der Hütten gesetzt und einen Plausch mit den Frauen begonnen – übers Wetter, Gott und die Welt.

Da war es wieder, dieses friedliche Gefühl in ihm, dieses Zufriedensein. Er hätte beinahe gelächelt. Doch dann kommt eine der Frauen auf ihn zu, direkt auf ihn zu. Erst spät erkennt er, dass sie eine Harke in der Hand hat. Er schluckt das Lächeln hinunter und richtet sich auf. Soll sie nur sehen, dass er bereit ist, dass er sich nicht von einem Weib auf einem Acker massakrieren lässt. Er nicht! Und Burr, den er hinter sich atmen hört, auch nicht.

Ein paar Meter vor den beiden Soldaten bleibt die Frau stehen. Und wieder sieht Ehlert nur das Kopftuch. Ist es rot? Ist es Rieles? Rieles Kopftuch?

Verdammt! Reiß dich zusammen, Gerhard, flucht er in sich hinein.

Die Frau unter dem roten Kopftuch, grüßt ihn in einer Sprache, die er noch nie gehört hat und die auch mit dem Russisch, das er ansatzweise kennt, nichts zu tun hat. Ehlert antwortet »*Dobre djin*«, guten Tag, wie er es gelernt hat. Und dann antwortet die Frau unter dem Tuch ihm endlich auf Russisch. Das ist fast wie eine Erleichterung, auch wenn er nur ein paar Worte dieser völlig fremden Sprache versteht.

Dann spuckt Ehlert die üblichen Fragen aus. »Soldaten, Partisanen in der Nähe?«

Und die Deutschen bekommen ein offensichtliches Nein und sogar noch mehr. Gesten- und wortreich redet die Frau auf die beiden Männer ein, und Ehlert redet mit. Irgendwo hat er mal gelesen, solange man mit seinem Feind redet, tötet er einen nicht. Nach minutenlangem Hin und Her steht eines fest: Die Frauen sind offenbar ganz allein hier, die Männer allesamt tot. Ehlert glaubt ihnen, will ihnen nur allzu gerne glauben, und auch Burr macht keine Anstalten, Vorsicht walten zu lassen. Es ist Krieg, was soll einem da schon Schlimmeres passieren als der Tod, denkt sich Burr, der eigentlich gar nicht mehr denken kann, weil ihm trotz der Abenddämmerung viel zu heiß ist.

Ehlert schafft es, dass sie von der Frau unter dem roten Kopftuch in die Blockhütte geführt werden. Die anderen Frauen gehen langsam zu den anderen beiden Hütten, klopfen sich ihre Schuhe ab und verschwinden hinter knarrenden Türen.

Brot und Milch! Zum ersten Mal in seinem Leben isst der Herr Leutnant trockenes Brot. Er kaut wie wild darauf herum, und es schmeckt köstlich. Nach ein paar Bissen und einem tiefen Schluck Milch sieht sich Ehlert nach seinem Feldwebel um. Burr möchte nichts essen. Er ist kreidebleich und zittert.

»Mensch, Burr, was ist denn los?«

Erst jetzt sieht Ehlert die Brandblasen im Gesicht des Feldwebels, die über die letzten Stunden zu riesigen gelben Kuppeln gewachsen sind. Überall, wo an Burrs Körper beim Absturz keine Uniform zu finden war, hat er solche Blasen, die aussehen wie eitrige Geschwulste mit viel Luft unter einem dünnen Kuppeldach. Ehlert sieht sich seinen Bordfunker näher an und zwingt ihn dazu, wenigstens ein bisschen Milch zu trinken. Burr gehorcht. Wie immer gehorcht er. Dann legt er sich zitternd auf eine Bank. »Ich glaub', Herr Leutnant, ich kann erst mal nicht weiter.«

»Das wird schon wieder«, sagt der junge Pilot und schämt sich sogleich für seine heimlichen Gedanken: Verdammt, auch das noch! Warum konnte Burr auch nicht besser aufpassen. Das ist natürlich vollkommener Quatsch. Wer kann bei einer Bruchlandung schon auf sich aufpassen?

Während sich Burr auf der Bank lang macht und sich Ehlert um das Stück Brot der Frau mit dem Kopftuch kümmert, hat diese wortlos die Hütte verlassen. Wieder müsste Ehlert misstrauisch werden, wieder müsste er sich zur Vorsicht mahnen, doch er kaut und trinkt und trinkt und kaut und schaut zum zitternden Burr. In letzter Sekunde sieht er zum Fenster und erkennt, wie draußen eine Silhouette vorbeihuscht. Ehlert springt zur Tür und sieht den Jungen die Straße hinunterlaufen.

»Verdammt. Hier stimmt doch was nicht«, zischt der Leutnant in die Stube, und Burr richtet sich langsam auf.

»Wir müssen weg hier. Sofort!«

Während sich Ehlert Wasser aus einer Schüssel, die auf einer Art Anrichte steht, ins Gesicht wirft, sich die Stiefel und die staubige, zerschlissene Uniform richtet, hat sich Burr am Fenster postiert. Leise und mit einem Seufzer auf den Lippen dreht er sich zu seinem Piloten um. »Herr Leutnant, Herr Leutnant, wir sind verloren.«

Instinktiv greift Ehlert nach seiner 08, die er im Stiefelschaft stecken hat, lädt die Pistole mit einem vorsichtigen Klicken durch und entsichert sie. Mit einem einzigen Blick macht ihm Burr klar, dass das nicht den geringsten Sinn macht. Er schüttelt den Kopf, nur ein paar Millimeter links, nur ein paar Millimeter rechts und lässt ihn dann sinken. Ehlert weiß, was das bedeutet. Sie haben keine Chance. Eine geladene und entsicherte Pistole ist ihr sicherer Tod.

Ehlert lässt die 08 sinken, sichert sie, legte sie beinahe zärtlich auf den Tisch vor ihm, nimmt einen Brotkrumen zwischen die Zähne, beginnt wieder zu kauen und zu warten. Noch ist der Feind nur ein Schatten vor der Hütte. Noch ist er nicht real, nicht greifbar. Und doch wissen die beiden in dieser Blockhütte am Rande der Pripjetsümpfe mitten in der Sowjetunion, dass jetzt das Ende ihrer Freiheit vor der Türe steht.

Es dauert endlose dreißig Sekunden, dann drischt ein Mann mit einem einzigen, gewaltigen Tritt die Türe ein. Zum ersten Mal im Leben sehen Burr und Ehlert einem Rotarmisten in die Augen. Der junge Soldat wirkt sauber und gepflegt, trägt eine nagelneue Uniform, die aussieht, als wäre sie frisch gebügelt. Er richtet ein Gewehr auf die beiden Deutschen, und das aufgepflanzte Bajonett glänzt im Schein der Kerzen auf dem Tisch in der Blockhütte.

Er hat Angst, das sieht Ehlert in seinen Augen und das kann er auch riechen. Angst riecht. Der junge Russe hat nicht gewusst, was ihn beim Betreten der Hütte erwartet. Er hat damit rechnen müssen, beim Eintreten in das Haus von den beiden Deutschen abgeknallt zu werden. Doch Blut wird an diesem Abend keines fließen. Der Russe lässt die 08 auf dem Tisch keine Sekunde aus den Augen, dann wischt er sie mit einem Hieb seines Bajonetts in eine Ecke des Blockhauses.

»*Dawei, dawei*«, sagt der in Richtung der beiden deutschen Soldaten. Jetzt wirkt er ganz ruhig und gelassen. Er ist der Sieger dieses Kampfes, der keiner war. Ehlert wird sich später nicht an sein Gewehr, sondern an seine Uniform erinnern, an dieses sauber gebügelte, erdbraune Hemd, die glänzenden, nur ganz leicht staubigen Stiefel, den blinkenden, blitzenden Stahlhelm. Wer solch saubere Soldaten hat, der kann den Krieg nicht verlieren.

Ehlert und Burr treten vor die Hütte, ohne die Arme hochzunehmen. In dieser Sekunde stehen zwanzig, nein dreißig Rotarmisten im Halbkreis um sie herum und laden ihre Gewehre durch.

Ehlert weiß, dass Burr ihm das Leben gerettet hat. Ein Schuss aus der 08, und der ganze Trupp hätte auf sie und das Blockhaus das Feuer eröffnet. Er weiß nicht, was in dieser Sekunde überwiegt: Die Erleichterung, noch am Leben zu sein, oder die Angst vor dem, was jetzt kommen wird.

IV. Gefangen

Gefangennahme bedeutet Prügel, Tritte in den Unterleib, gegen den Kopf. Wilde Schreie, Stiche mit dem Bajonett, Schläge mit dem Gewehrkolben ins Gesicht, bis die Schädeldecke springt, Plünderung bis auf die nackte Haut – was Ehlert und Burr über den »bolschewistischen Untermenschen«, so nennt die Nazi-Propaganda die Rotarmisten, und über die ersten Minuten der Gefangenschaft schon alles gehört haben, lässt ihre Fantasie munter Achterbahn fahren.

Ehlert steht der Angstschweiß auf der Stirn, bei Burr könnte der auch vom Fieber kommen. Beide rechnen mit dem Schlimmsten. Doch nichts passiert. Nichts Dramatisches werden sie später ihren Kindern und Enkeln erzählen können, falls sie denn diesen Scheißkrieg überleben, nichts, außer dass sie von ein paar sauberen, ruhigen Soldaten in erdbraunen, frisch gebügelten Uniformen durchsucht werden. Es ist das erste Mal, dass sie richtig gefilzt werden, und das gleich von vier, fünf Soldaten gleichzeitig. Jeder will etwas ergattern.

»Uuuuhrräh, Uhrrrähhh?«, fragen die Russen. Burr rückt ohne Widerstand – was hätte der auch gebracht –, seine Armbanduhr heraus. Dann zerren drei Mann am Lederband um Ehlerts rechten Arm, bis es reißt. Die Enttäuschung ist den Russen ins Gesicht geschrieben, als sie erkennen müssen, dass daran nur der Kompass befestigt ist. Ein anderer Soldat mit mongolischen

Gesichtszügen, der sich bisher zurückgehalten hat, durchsucht nochmals gelassen alle Taschen der beiden Deutschen, nachdem die anderen von ihnen abgelassen haben, und wird tatsächlich fündig. Nie wird Ehlert den Gesichtsausdruck des Mongolen vergessen, als er aus einer Tasche einen Bleistift herausfischt. Mit einem glücklichen, freudestrahlenden und verklärten Blick wendet er sich mit seinem Schatz von den beiden Fliegern ab.

Der russische Kommandeur des Unternehmens, ein Hauptmann, nimmt sich als Trophäe Ehlerts 08 und steckt sie lässig und ohne sich die Waffe genauer anzusehen in seinen Gürtel – eine standesgemäße Beute, wie man an seinem Gesichtsausdruck ablesen kann. Dann packen die Russen ihre Siebensachen zusammen. Die meisten schultern ihr Gewehr, und der Mongole zeigt mit seiner Maschinenpistole die Straße entlang. »*Dawei!*«

Der lange Weg der beiden deutschen Flieger in die Gefangenschaft beginnt mit einer Lastwagenfahrt auf der Straße, auf der sie sich unvorsichtigerweise Richtung Frontlinie, in Richtung Heimat, bewegt haben. Jetzt bringt sie der Lastwagen in die entgegengesetzte Richtung. Burr, der immer noch Schmerzen hat, starrt mit leerem Blick vor sich auf die Ladefläche des Lkw. Ehlert schaut sich ihre russischen Bewacher an, einen nach dem anderen. Wie fremd sie doch sind, wie seltsam ihre Gesichtszüge wirken. Und doch, ihr Lachen ist wie das unsere, denkt sich Ehlert, der seltsam ruhig wird. Er schaut auf den Zahnersatz aus Edelstahl, den viele der Russen im Mund haben. Sogar Schneidezähne sind aus Edelstahl nachgeformt. Alles riecht neu und fremd, der Treibstoff, den der Lkw verbrennt, die Luft, durch die sie hier in diesem dunklen Wald fahren, die Uniformen der Russen, die auf der Ladefläche genauso durchgeschüttelt werden wie ihre deutschen Gefangenen. Oft kommt dabei einer der Russen Ehlert sehr nahe, und so kann er intensiv ihren Geruch wahrnehmen.

Wenn sie durch Wälder fahren, ist es stockdunkel auf dem Lkw, aber zwischen Wiesen und Äckern glimmt noch das letzte Licht der Dämmerung. Die Deutschen sehen am Wegesrand die fremden Panzer und Geschütze stehen. Sie sehen, für sie etwas absolut Neues, bewaffnete Frauen in der gleichen Uniform wie die männlichen russischen Soldaten. Alles, wirklich alles ist fremd, und Ehlert fragt sich, was er in diesem Land soll, was er auf diesem Lkw tut und warum er überhaupt jemals nach Russland gekommen ist, wo doch alles so fremd ist. Nur einen Geruch, den kennt der deutsche Offizier schon, den von *Machorka*, dem Tabak, den alle Russen rauchen.

Nach ein paar Kilometern hält der kleine Gefangenentransport vor einem Holzhaus an, in dem offenbar eine Kommandantur untergebracht ist. Rundum brennen Lagerfeuer, Zelte sind zu sehen, und Ehlert denkt an ein Jugendlager der Pfadfinder. Es ist wie im Frieden, wären da nicht überall die nagelneuen Waffen, die Munitionsbehälter, die Geschütze und die Panzerfahrzeuge.

Die Russen springen von der Ladefläche ihres Lkw, begrüßen lauthals andere Russen, lachen, fluchen und feixen. Beinahe hätten sie die beiden Deutschen vergessen, wäre da nicht der Hauptmann, der ein paar Befehle bellt und sich dann aus dem Staub macht. Zwei Russen bringen Ehlert und Burr in das Holzhaus, das hell erleuchtet ist. Sie werden in einen Raum geführt, in dem nur ein Tisch und ein Stuhl dahinter zu sehen sind.

Nichts hängt an den Wänden, nichts Überflüssiges steht herum. Eine Petroleumlampe erleuchtet das Zimmer.

Die Russen machen schnell klar, was sie von den Gefangenen wollen. Ausziehen, bis auf die Haut! Jetzt beginnt das eigentliche Filzen. Ihre beiden Bewacher nehmen den Deutschen alles ab, zuletzt sogar die Unterwäsche, die längst nicht mehr weiß ist, wie es sich für einen deutschen Leutnant und einen Feldwebel gehören würde. Sie ist eher feldgrau wie die Uniformen des Heeres.

Ehlert lächelt, als er die Verbindung zu den Grabenkriegern herstellt. Jetzt geht es uns auch nicht besser als denen, uns feinen Pinkeln von der Luftwaffe, denkt er bei sich. Doch sein Lächeln gefriert in der nächsten Sekunde, als einer der Russen den kleinen Abnäher in Ehlerts Hosensaum entdeckt und das, was sich darin befindet.

»Talisman?«, fragt einer der Soldaten, und Ehlert nickt in der Hoffnung, der Russe könnte ein bisschen Gefühl zeigen, Gefühl für die Wichtigkeit eines so privaten Gegenstandes. Doch der Elfenbein-Elefant von Riele wandert in die Hosentasche des russischen Soldaten. Für Gerhard Ehlert ist er für immer verloren. Zum ersten Mal ist er so richtig niedergeschlagen. Eine Beklommenheit überfällt ihn, dass er am liebsten losheulen würde. Doch weinen, das hat er weder bei der Mutter noch beim Vater je gelernt. Er wird es noch lernen müssen.

Nachdem die Russen alles fein säuberlich durchsucht haben, bekommen die Deutschen ihre Klamotten zurück. Dann lässt man sie in dem hell erleuchteten Raum einfach stehen. Die Russen machen sich aus dem Staub,

Ehlert sieht aber, dass sich einer von ihnen vor der Tür postiert.

Es mag Mitternacht sein, als sie endlich abgeführt werden. Ein Russe stopft die beiden Deutschen mit seinem Gewehrkolben in ein Erdloch, ihr Lager für die Nacht. Trotz oder gerade wegen ihrer Niedergeschlagenheit schlafen Burr und Ehlert sofort ein. Die Nacht ist lau, das Erdloch trocken, und es riecht nach frischem Gras und warmen Steinen. Die erste Nacht in Gefangenschaft könnte schlimmer sein.

Erst spät am nächsten Morgen, die Sonne steht bereits handbreit über dem Horizont, werden sie geweckt. »*Dawei, dawei!*«

Ein Soldat führt sie durchs Lager. Da wird den beiden Deutschen klar, warum dieser Krieg nicht mehr zu gewinnen ist. Es ist ein Getriebe wie in einem Bienenstock. Das, was sie aus ihrem Fernaufklärer aus der Luft schon seit Monaten als bedrohlich ausgemacht haben, wirkt hier am Boden geradezu überwältigend. Hunderte von bestens ausgerüsteten Soldaten, massenhaft Kriegsgerät, bis unter die Decke gefüllte Munitionszelte, volle Suppentöpfe, Rotarmisten in Marschformation, Rotarmisten in kleinen Gruppen, Rotarmisten in langen Schlangen, Rotarmisten, soweit das Auge reicht. Und mitten drin die beiden Deutschen und ein einzelner Soldat, der an seiner Zigarette zieht und ihnen mit einem einzigen Blick die Richtung weist, in die sie gehen werden. Einer gegen zwei. Es hätte wohl auch ein halber Bewacher gereicht, denn wo sollen die beiden Gefangenen schon hin in diesem Meer aus Roter Armee.

Langsam stolpern Burr und Ehlert durch einen Wald. Vor ihnen liegt ein breiter Feldweg, hinter ihnen geht ein laut singender Rotarmist mit nie ausgehender Zigarette und einem Flachmann in der Tasche, aus dem er alle paar Minuten trinkt, nein, vorsichtig nippt, als wäre es der letzte Wodka, den Russland in diesem Krieg zu bieten hat. Der Wald wird immer dichter, der Weg langsam schmäler und der Russe leiser. Ehlert sieht, wie er den letzten Tropfen aus dem Flachmann heraussaugt und sich seine Miene verdüstert. Stumm und mürrisch stapft der Russe hinter seinen beiden Gefangenen her.

Ehlert kommen Gedanken, die ihn beunruhigen. Was, wenn es dem Russen zu blöd wird, die Deutschen hier durch diese Wildnis zu führen? Was, wenn der Rotarmist stolpert oder eine falsche Bewegung mit seiner Maschinenpistole macht? Vielleicht, so Ehlert zu sich, vielleicht sollten sie den Kerl mit seinen schmalen Augen und noch schmaleren Lippen, diesen unsympathischen Wodkatrinker, einfach überwältigen. Hier ist der Wald so dicht, und sie sind schon so weit vom russischen Feldlager entfernt, dass niemand den Handstreich bemerken würde. Und als ob Burr derselbe Gedanke just in dieser Sekunde durch den Kopf gehen würde, sieht er Ehlert vielsagend an. Doch die beiden haben die Rechnung ohne den russischen Wodkawirt gemacht. Der ahnt wohl, dass die beiden Deutschen etwas im Schilde führen, flucht laut und brüllt etwas, das Ehlert und Burr auch nach der dritten Wiederholung nicht verstehen. Dann lädt der Russe seine Maschinenpistole durch – eine Ansage, die jeder Soldat auf der Welt, egal welcher Sprache, versteht.

Es dauert nur noch ein paar Minuten, dann stehen die drei plötzlich auf einer gewaltigen Lichtung. Die beiden Gefangenen ahnen, dass ihre Flucht spätestens hier geendet hätte. Von diesem Frontabschnitt aus gibt es kein Entkommen, das ist Ehlert und Burr jetzt klar. Hier sind die Russen überall. Hier ist Russland. Mit offenem Mund blicken sie auf das Geschehen vor ihnen. Sie stehen am Rand eines riesigen Flugfelds, auf dem Hunderte Maschinen stehen, jetzt aber offensichtlich gerade nicht viel Betrieb herrscht. Ein paar Flugschüler drehen mit ihren Doppeldeckern Platzrunden.

Auch nicht anders als bei uns, denkt Ehlert. Wie eine halbe Ewigkeit kommt es ihm vor, dass er selbst Flugschüler gewesen ist, damals, 1941 in Werder bei Potsdam. Tausend Jahre ist es her, dass er selbst in einem Doppeldecker gesessen hat, damals in der Luftkriegsschule in Werder. Jetzt kommt er sich steinalt vor unter all diesen 18-jährigen Russen, die gerade das Fliegen lernen. Und doch ist die Erinnerung an seine Ausbildung nicht verblasst, vor allem deswegen nicht, weil er aufregende Monate an der Schule verbrachte. Nie wird er jenen Tag im Juni vergessen, an dem er nur knapp dem Fliegertod entronnen ist, weil er vergessen hatte, einen kleinen Hebel umzulegen. 30 Starts und Landungen mit dem Fluglehrer auf dem Rücksitz hatte er schon hinter sich auf der Bücker 131 Jungmann, 30 Alleinflüge auf dem Doppeldecker, der so solide gebaut ist wie kein anderer seiner Zeit. 180 Sachen kann man aus der Maschine herausholen und das machte er immer, wenn ihn der Fluglehrer am Boden aus den Augen verlor. Oder er nahm das Gas weg, wenn er über die Mädchen hinwegflog, die sich im Badeanzug rund um die Flugschule den angehenden Piloten präsentierten. Dann gingen die jungen Offiziersanwärter auch schon mal in den Tiefflug über und schauten sich die jungen Damen genauer an.

Mittlerweile wusste Ehlert genau, was er tun musste, um die Maschine auf Kurs zu halten. Er wusste, dass er immer leicht nach rechts steuern musste, weil der Drall des Propellers den Doppeldecker immer ein bisschen nach links zieht. Ehlert kannte das Verhalten der Maschine beim Turn nach links oder rechts, bei der Rolle wie beim Rückenflug. Schon früh war der Kunstflug Bestandteil der Ausbildung, denn die Lehrer wollten, dass ihre Schüler mit dem Fluggerät geradezu verwuchsen.

Am Ende der ersten Ausbildung waren sie alle prima Piloten, so gute, dass sie leichtsinnig wurden. In dieser Phase passieren die meisten Unfälle, weil die jungen Männer sich überschätzen oder aber einfach ihr Hirn ausschalten. Zu den Besten gehörte Ehlert, und so war es kein Wunder, das er einen der fünf Doppeldecker fliegen sollte, als seine Ausbildungsgruppe mit den sechs Lehrern und den 30 Flugschülern von Werder nach Borkheide verlegt wurde.

Vier der fünf eingeteilten Piloten waren schon abgeflogen, die anderen Kameraden mit dem Bus unterwegs. Nur Ehlert, der Lehrgangsleiter, ein grimmiger, strenger Oberleutnant, ein paar Mechaniker und ein Fahrer waren noch auf dem Flugplatz in Werder. Der Lehrgangsleiter gab mit dem Fähnchen die Startbahn frei, und Ehlert ging von der Bremse. Steil stieg der Doppeldecker in die Lüfte, und der junge Pilot machte alles genauso, wie er es gelernt hatte. Der Propeller schnitt durch die Luft, der Motor lief wie geschmiert. Schnell war er auf 150 Metern Höhe, nahm mehr und mehr Fahrt auf. Die Luft blies dem Piloten um die Ohren.

Denen traute er eine Sekunde später nicht mehr. Ein seltsames Geräusch kam ihm von vorn entgegen. Der

Motor spuckte, der Propeller stand. Waagerecht. Maschine aus. Für einen geübten Piloten ist das eigentlich kein Problem. Segelflug ist angesagt. Und auch Ehlert wusste trotz seiner noch jungen Pilotenkarriere genau, was zu tun war. Sofort flog er eine weite Kurve, um zum Flugfeld zurückzukehren. Doch die kostete ihn so viel von seiner geringen Höhe, dass der Doppeldecker nach ein paar Metern schon fast die ersten Baumwipfel berührte. Da half auch kein Ziehen am Steuerknüppel und kein Fluchen. Ehlerts Maschine sank rapide und raste auf einen Wald zu. Der Pilot versuchte alles, um dem Doppeldecker noch eine andere Richtung zu geben. Zu spät. Mit lautem Krachen rasierte die untere Tragfläche den ersten Baumwipfel ab, schlug in den nächsten zwanzig Sekunden beim Fall in die Tiefe einen Ast nach dem anderen ab, knickte kleine Bäume und splitterte Holz in kleine Stücke. Zum Schluss bohrte sich der Motor in die Walderde. Der Propeller, unversehrt, stand immer noch waagerecht. Dann wurde es still. Ehlert sah und hörte nichts. Doch er roch etwas. Wunderbarer Harzgeruch stieg ihm in die Nase, und da wusste er, dass er noch lebte. Riesenmassel gehabt. Er war fast unversehrt.

In der gleichen Minute machte sich vom Flugplatz aus ein Bergungstrupp auf den Weg. Die Überreste der Maschine sollten so schnell wie möglich heimgeholt, der tote Pilot geborgen werden. Doch das Erstaunen war groß, als die Männer bei Ehlert eintrafen. Der Bruchpilot saß auf seinem Fallschirm neben dem Trümmerhaufen und war bester Dinge.

Den Lehrgangsleiter stieß Ehlerts gute Laune, die nur dadurch getrübt war, dass der Propeller heilgeblieben war und er ihn nicht als Trophäe mit nach Hause nehmen konnte, sauer auf. Er ahnte schon, was passiert war. Ein Blick auf den sogenannten Brandhahn, den Benzinhahn des Flugzeuges, und es war klar: Ehlert hatte geschlampt. Kein Tropfen Sprit hatte den Motor mehr erreicht, weil der Pilot vergessen hatte, den Hahn zu öffnen. Das bedeutete zwei Tage mittleren Arrest bei Brot und Wasser und drei Monate Kürzung der Fliegerzulage – Ehlert verging das Grinsen schnell.

Doch es gibt noch einen weiteren Grund, aus dem er diesen Tag nie mehr vergessen wird. Es ist der 22. Juni 1941. Aus den Lautsprechern ertönt in ganz Deutschland ein Motiv aus Franz Listzs »Les Préludes«, und die Stimme von Propagandaminister Joseph Goebbels ist zu hören: »Soldaten der Ostfront. In diesem Augenblicke vollzieht sich ein Aufmarsch, wie ihn die Welt zuvor noch nie gesehen hat.«

Der Überfall auf die Sowjetunion hatte begonnen. Seitdem sind drei Jahre vergangen, drei Jahre, in denen Ehlert Soldat geworden, in denen er in den Krieg gezogen ist, in denen er aber nie so wirklich Gelegenheit gehabt hat, den Krieg so zu verinnerlichen, wie ihn der Infanterist, der Panzersoldat, der Pionier und der Sanitäter kennen. Diese Männer sieht er jetzt in den russischen Lagern in langen Kolonnen Richtung Osten ziehen, die Hände hinter dem Kopf verschränkt, das Gesicht bis zur Unkenntlichkeit von Staub, Schweiß und Schmutz verschmiert, in zerschlissenen Uniformen ohne jede Farbe, mit blutigen Verbänden um die Gliedmaßen, die nackten, geschwollenen Füße mit ein paar Lumpen umwickelt. All das deprimiert ihn zutiefst, und Burr neben ihm geht es nicht anders. Beim Anblick der deutschen Gefangenen ist ihnen zum Heulen zumute. Das hier ist der wirkliche Krieg, der Krieg der Bodenkrieger, der sich seit Stalingrad im Januar 1943 so schlecht und immer schlechter für die Wehrmacht entwickelt. Das hier ist ganz anders als in der Luft, wo es den Kampf von Angesicht zu Angesicht nicht gibt. In der Luft muss man nicht jede Minute seines Lebens damit rechnen, von einer russischen Kugel zwischen den Augen getroffen oder von einer Granate zerrissen zu werden.

Wenn er ehrlich ist, dann muss er zugeben, dass er in seiner Do 217 bis auf seine eigene kleine 08 und bis auf Burrs MG nicht einmal eine richtige Waffe an Bord hatte. Wir schießen mit Blitzlicht und Kamera, das ist wie Krieg mit Wattebäuschchen, hustet er in sich hinein und spuckt ein Lachen aus, von dem ihm selbst übel wird. Dann denkt er an den toten Professor und daran, dass Schlotter vermisst wird. Noch immer weiß er nicht, dass dessen Überreste am verbrannten Blech der Trümmer seiner Maschine in den Pripjetsümpfen kleben.

Der russische Bewacher legt Ehlert eine Hand auf die Schulter und rüttelt ihn wach. Sie stehen vor den Doppeldeckern der Flugschüler der Roten Armee und fühlen sich ein bisschen wie zu Hause. Burr und Ehlert nehmen neben den jungen Fliegern Platz. Sofort kommt ein Gespräch in Gang – mit Händen und Füßen, mit Fetzen aus Russisch und Brocken aus Deutsch. Die Rotarmisten fassen immer wieder die Fliegerkombi der beiden deutschen Piloten an: »Errrsatz, Errrsatz«, johlen sie abfällig. Die Propaganda hat ihnen weisgemacht, Deutschland sei am Ende, die Bekleidung sei aus minderwertigem Material. Und wirklich, wenn Ehlert so an sich herunterblickt, merkt er, dass mittlerweile auch die deutschen Uniformen den russischen unterlegen sind. Der Feind hat Millionen Stiefel aus den USA bekommen. Die Verbündeten jenseits des großen Teichs liefern Lkw, Munition, Panzer und Uniformstoff – ein unerschöpfliches Reservoir aus Kriegsmaterial, das am Eismeerhafen Murmansk angelandet und von dort aus oft direkt in die Schlacht geworfen wird. Während in Deutschland die Städte und Fabriken brennen, hat die Rote Armee einen üppig gefüllten Kolonialwarenladen direkt im Hinterhof.

Bald kommt ein schmächtiger Offizier, ein Major, zu den beiden deutschen Fliegern. Er soll sie die ganze nächste Woche begleiten. Doch dann machen zwei großgewachsene Rotarmisten laut Meldung vor dem Major. Einer reicht ihm einen schriftlichen Befehl, der nichts Gutes verheißt, denn Burr wird daraufhin von den beiden Hünen abgeführt. In den letzten Tagen sind Burr und Ehlert eng zusammengewachsen. Der Absturz, ihre Rettung aus der brennenden Maschine, die zunächst glückliche Flucht vor den Russen, Burrs Brandverletzungen, um die sie sich beide gekümmert haben, ihre Gefangennahme und der Marsch durch den Wald, Hunger und Durst, das Hochgefühl des Gejagten, der noch nicht erwischt wurde – das alles hat sie zusammengeschweißt, den vornehmen Leutnant und den manchmal ein bisschen unbeholfenen Feldwebel. Und auch wenn Ehlerts Erziehung und seine Offiziersausbildung dagegen sprachen, ja sogar sein ganzes Wesen sich dagegen sträubte, wäre er fast zum »Du« übergegangen. Irgendwie hatte sich die letzten Tage dafür aber dann doch nicht die richtige Gelegenheit ergeben. Und so ist es jetzt ein militärischer Abschied, den die beiden Kameraden absolvieren.

Burr salutiert stramm vor seinem Vorgesetzten: »Melde mich ab, Herr Leutnant«, brüllt er seinem Piloten entgegen. Und beide stehen sich wie zwei Jungen gegenüber, die auf dem Schulhof eine Dummheit begangen haben und sich jetzt dafür gegenseitig entschuldigen.

Dann wird Burr abgeführt. Der Feldwebel muss in eine Kiste klettern, die auf der unteren Tragfläche eines Doppeldeckers montiert ist. Eine typisch russische Vorrichtung, einfach aber effektiv. Die Kiste ist eigentlich für den Transport von Verwundeten gedacht. Burr lässt sich ohne Murren verfrachten – was bleibt ihm auch anderes über? Das Letzte, was Ehlert von ihm sieht, sind die Brandblasen in seinem Gesicht und sein dunkelblonder Schopf. Dann geht die Klappe zu.

Nun ist auch er an die Reihe. Er muss sich gemeinsam mit dem Major auf den hinteren Sitz eines anderen Doppeldeckers zwängen. Vorn sitzt der Pilot, der jetzt an einem Hebel zieht und ein bisschen hier und dann ein wenig dort kurbelt. Simple Maschine, einfach zu starten, das Ding, denkt sich der deutsche Pilot, der seinem Kollegen genau auf die Finger schaut. Ehe sich Ehlert versieht, ist der Doppeldecker mit den drei Mann in der Luft, Flugrichtung Südosten. Schon nach wenigen Minuten beginnt es zu regnen, und die Sicht wird schlechter. Auch bricht langsam die Dämmerung an, was den Piloten nach einer knappen Stunde Flug dazu bewegt, den Gefangenentransport zu unterbrechen. Er landet auf einem breiten Feldweg und rollt mit der Maschine unter einen Baum. Der Major und Ehlert sind heilfroh, aus der Maschine rauszukommen und strecken erst mal ihre Glieder. Nachtruhe unter freiem Himmel ist angesagt. Die Russen sind derartig lässig, dass sie nicht die geringsten Sicherheitsmaßnahmen ergreifen. Sie machen es sich unterm Baum gemütlich, quatschen miteinander, lachen und fluchen, ohne dabei auf den Gefangenen zu achten.

Der Major – er trägt eine dicke Brille mit einem riesigen Gestell – und der Pilot sind beide nicht die Kräftigsten. Auch sind sie nicht bis an die Zähne bewaffnet. Ganz im Gegenteil! Würde der Major nicht eine Pistole am Gürtel tragen, die drei wären praktisch unbewaffnet.

Ehlert überlegt kurz und denkt an einen Husarenstreich. Sein Körper spannt sich im Sitzen, und er bringt sich in ein sprungbereite Position. Sein Gehirn arbeitet fieberhaft, und er merkt, wie sich langsam Adrenalin in sein Blut ergießt. Sein Gesicht läuft rot an, und er hofft, dass die Russen das im Dämmerlicht nicht sehen. Wie ein Film läuft das Wunschszenario vor seinem inneren Auge ab: Blitzschnell kriegen die beiden Russen zwei Kinnhaken, sie kippen benommen um, er besteigt das Flugzeug, startet den Motor, rollt an und landet umjubelt auf dem Heimatflughafen. Schöne Fantasie! Was passiert, wenn er den Major nicht mit dem ersten Schlag kampfunfähig machen kann? Was, wenn der Pilot noch irgendwo eine Pistole stecken hat? Was, wenn der Motor nicht gleich anspringt? Noch nie hat Ehlert jemandem einen Kinnhaken versetzt. Er weiß also nicht, ob seine Schlagkraft für eine kurze Ohnmacht reichen würde. Es gibt so viele Unwägbarkeiten! Und dennoch, würde er jetzt ein bisschen Mut aufbringen und schnell handeln, es könnte die Gelegenheit zur Flucht sein, die vielleicht allerletzte Gelegenheit, schnell wieder heimzukommen.

Und als ob die Russen Ehlert den inneren Kampf ansehen könnten, grinsen sie beide übers ganze Gesicht.

Der Major öffnet die Tasche, in der die Waffe steckt, nimmt sie sorgsam heraus und lädt sie durch. Dann verzieht er das Gesicht, lässt blitzartig sein Lächeln sein und nimmt eine drohende Haltung ein. Er legt die Pistole auf Ehlert an. »Bumm!«

Der Major und der Pilot lachen sich halb tot, als sie in das erstarrte Gesicht ihres Gefangenen sehen und merken, welchen Schrecken ihm der kleine Spaß versetzt hat. Die ganze Nacht über lösen sich die Rotarmisten ab. Einer ist immer wach, und Ehlert denkt nicht mehr an Flucht.

Am nächsten Morgen landen die drei in ihrem Doppeldecker nach kurzem Flug vor einer großen Kommandantur am Rande einer Stadt. Der Major und der Pilot übergeben ihren Gefangenen an zwei Wachsoldaten. Vorher verabschieden sie sich gebührend von dem Deutschen, klopfen ihm auf die Schulter und machen noch einmal ein Witzchen auf seine Kosten. »Bumm!«

Wären die beiden Russen nicht so freundliche Kerle gewesen, Ehlert hätte wohl die blanke Wut gepackt. So aber lässt er den Spaß geduldig über sich ergehen, lächelt freundlich zurück, rollt die Lippen nach innen, nickt mit dem Kopf und grinst. Dann ist die Zeremonie vorbei, und einer der beiden Wachsoldaten stößt den deutschen Piloten in einen kleinen, ebenerdigen Raum, der in dem Kommandogebäude dicht neben dem Eingang liegt.

Der Raum ist in Halbdunkel getaucht. Nur spärlich fällt Licht durch ein weit oben liegendes, vergittertes Fenster ein. Ehlert merkt sofort, dass er nicht allein ist. Hinten in der Ecke kauert eine Gestalt auf einer nackten, stählernen Pritsche.

»Leutnant Ehlert, 2. Luftflotte, Heeresgruppe Mitte.«

Er ist noch nicht fertig mit seiner kurzen Meldung, da springt die Gestalt auf und nimmt Haltung an:

»Feldwebel Wilhelm Burr, ebenfalls 2. Luftflotte, Herr Leutnant«, meldet die Gestalt sich freudig zurück.

»Mensch Burr, altes Haus, dass ich Sie hier noch mal treffe. Wie war denn der Flug in der Kiste?«

»Allerbestens, Herr Leutnant, wäre vor Gemütlichkeit beinahe eingepennt. Und Ihrer?«

»Nicht ganz so gemütlich, aber ging schon.«

Dass ihn der Mut verlassen hat, als die Gelegenheit zur Flucht bestanden hat, und dass ihn die Russen verarscht haben, muss Burr ja nicht wissen.

In den nächsten Stunden reden die beiden Gefangenen wenig. Zu müde sind ihre Knochen. Und was sollen sie sich auch erzählen? Schließlich haben sie ja alles gemeinsam erlebt. Zum ersten Mal machen sie Bekanntschaft mit Flöhen. Es juckt an allen Ecken und Enden, und die drei Einstiche dicht nebeneinander, typisch für die kleinen, boshaften Biester, sind auf dem ganzen Körper zu finden.

»Da waren ja die Drecksmücken noch leichter zu ertragen«, flucht Burr.

Die Flöhe werden ab sofort ihre treuesten Begleiter sein und für die nächsten Tage auch ein junger Mann in Zivil, der in der Kommandantur untergebracht ist. Ehlert freundet sich mit dem russischen Piloten an, von dem nicht ganz klar ist, warum er sich ausgerechnet in dieser Kommandantur aufhält. Ehlert erfährt, dass er über deutschem Gebiet abgeschossen worden und mit dem Fallschirm abgesprungen ist. Polen haben ihn in Zivilkleidung gesteckt und über die Frontlinie gebracht. Zur Belohnung für seine tapfere Rückkehr hat er einen einmonatigen Urlaub in Moskau, seinem Heimatort, bekommen.

Von der ersten Sekunde ihrer Begegnung an fühlen sich die Männer nicht als Feinde, sondern als Gleichgesinnte. Sie gehören der international verbundenen Gilde der Flieger an. Der russische Pilot leiht Ehlert seinen »Kamm«, ein vier Zentimeter langes, ausgebrochenes Mittelstück aus einem alten Kamm, und seinen »Spiegel«, eine kleine Scherbe. Wenn die beiden Deutschen von einem russischen Soldaten bedrängt oder beschimpft werden, weist der Flieger ihn zurecht. Ehlert nennt der Russe grinsend: »*Pichota*«, was Infanterist bedeutet und für einen Flieger natürlich ein ziemlicher Seitenhieb ist. Überhaupt geht es die nächsten Tage in der russischen Kommandantur recht lässig zu.

Da Ehlert als Gefangener natürlich kein Messer haben darf, rasiert ihn der Offizier der Wachmannschaft, ein 25-jähriger Oberleutnant, blond und von mitteleuropäischem Aussehen, aber aus Sibirien stammend, täglich mit seinem Rasiermesser:

»Ich lasse den Oberlippenbart stehen. Den nehmen Sie ab, wenn Sie wieder in Deutschland sind. Dann haben Sie ein Ziel vor Augen«, sagt der Russe lächelnd.

Ehlert wird sich daran halten. Sein Oberlippenbart ist äußeres Zeichen dafür, dass er noch nicht zu Hause ist, das weiß er von dieser Minute an. Er wird den Bart noch eine ganze Weile tragen müssen, das weiß er nicht.

Jeden Abend werden jetzt Nachrichten verlesen – auch auf Deutsch. Eine Dolmetscherin, eine junge Russin aus Leningrad, die vor dem Krieg in Hamburg studiert hat, übernimmt diese Aufgabe, zwar holprig, aber doch mit großer Leidenschaft. Ehlert sieht ihr beim

Übersetzen an, dass sie die Sprache Goethes und Schillers zu der ihren machen will. In der Abenddämmerung spielt zu den deutschen Sätzen der Russin ein Rotarmist auf einer Ziehharmonika traurig klingende Volkslieder.

Es ist, als stünde die Zeit still in dieser Kommandantur, in der Burr und Ehlert festgehalten werden. Es ist, als habe es nie einen Krieg gegeben. Die Tage ziehen ins Land, und nichts passiert. Wieder nichts, denkt sich der deutsche Pilot, der den Abschuss überlebt hat, den bei seiner Gefangennahme der Umstand gerettet hat, dass ihn Burr dazu überredete, die Waffe wegzulegen, der im Wald vor dem russischen Feldflugplatz mit seinem Leben abgeschlossen hat, als der Weg immer enger geworden ist und sein Bewacher zu singen aufgehört hat.

Nichts und wieder nichts. Es ist, als würde ihn – und vielleicht auch Burr – eine unsichtbare Macht beschützen, als hielte jemand seine schützende Hand über sie. Wenn er allein über den Absturz nachdenkt, überkommt ihn das Grauen. Genau sechs! Sechs Glücksmomente bringt er auf Anhieb zusammen.

Sechsmal hintereinander musste in wenigen Minuten alles gut gehen, damit sie den Absturz überleben konnten. Es begann damit, dass Ehlert, als er nach dem ersten Flaktreffer das Seitenruder nicht mehr halten konnte, instinktiv die automatische Steuerung einschaltete, die das Flugzeug auf geradem Kurs hielt. Als der rechte Motor plötzlich brannte und ausfiel, hätte das Flugzeug sonst sofort eine ruckartige Rechtsdrehung gemacht, die die zusammengeschossene Maschine vermutlich nicht mehr überstanden hätte. Sie wären abgeschmiert und wie ein nasser Sack auf der Erde aufgeschlagen. Die Automatiksteuerung hat das verhindert.

Dann der Gleitwinkel. Vor dem Aufsetzen der brennenden Do 217 war er so flach, dass es bei der Bodenberührung nicht zu einem Überschlag kam. Das hing wesentlich damit zusammen, dass es sich bei der Do 217 um einen Schulterdecker handelt, wodurch dieser Flugzeugtyp auch bei stehenden Motoren eine äußerst stabile Fluglage beibehält.

Den dritten Schutzengel hatten Ehlert und sein Bordschütze bei Ort und Zeitpunkt der Bruchlandung. Der Pilot konnte die Landung nicht mehr beeinflussen. Es war reiner Zufall, pures Glück, dass die Maschine auf einem ganz ebenen Gelände ohne Hindernis genau zwischen einem Wald und einem Dorf aufsetzte.

Dann, so denkt Ehlert weiter, der vierte Glücksmoment: Die Kanzel des Flugzeugs, eine Glaskuppel, brach kurz vor dem Stillstand ab, wodurch Burr und er die Maschine verlassen konnten. Sie wären wohl verbrannt, wenn die Kuppel am Flugzeug geblieben wäre.

Das fünfte Glück: Er und Burr hatten den unschätzbaren Vorteil, dass ihre Plätze auf der linken Seite der Maschine waren. Dort saßen beide auf einem 50 Zentimeter hohen Sockel, der sie vor schwereren Verletzungen schützte, vor Verletzungen – das wusste Ehlert noch immer nicht – die Schlotter getötet hatten.

Und schließlich der letzte glückliche Umstand: die Entscheidung, zu den russischen Frauen zu gehen, das Dorf aufzusuchen. Sie bedeutete zwar letztlich ihre Gefangennahme, aber, so denkt sich Ehlert jetzt, was wäre wohl geschehen, wenn sie nachts auf ihrem Marsch durch den Wald auf Russen gestoßen wären, Rotarmisten oder gar Partisanen? Und das, so ist er sich mittlerweile sicher, wäre so sicher wie das Amen in der

Kirche gewesen. In der Dunkelheit hätten die Russen kurzen Prozess gemacht. Das alles schießt Ehlert gerade durch den Kopf. Und weil er sein Glück kaum fassen kann, sperrt er zum Nachdenken gleich noch den Mund weit auf. Und Burr, der das am anderen Tischende sieht, weiß genau, was sein Leutnant gerade denkt und wie es ihm geht.

Die musikalischen Abende in der Kommandantur nehmen langsam orchestrale Ausmaße an. Immer mehr Russen gesellen sich abends in die Kommandantur. Immer mehr Instrumente und Stimmen sind zu hören. Allein, an der traurigen Grundstimmung der Lieder ändert das nichts. Es ist eine Tiefe in den Russen, eine seltsame Schwere, die Burr und Ehlert mit hinunterzieht in eine dunkle Hölle, in der sie über den Krieg und ihre Feinde, die sie hier so gut behandeln, nachdenken müssen. Das hier sind also die »Untermenschen«, wie sie ihnen die nationalsozialistische Propaganda in brutaler Schwarz-Weiß-Malerei als weltanschauliche Doktrin zu vermittel versucht. Das hier sind also die blutrünstigen, barbarischen, unkultivierten Bolschewiken. Eine minderwertige Rasse sollen diese Menschen sein mit ihren wunderbar traurigen Liedern von einem gewaltigen Land mit riesigen Strömen und weiten Meeresküsten, von endlosen Wintern im Polarmeer und heißen Sommern in der Kalmückensteppe. Der Untermensch ist es, der hier Trompete und Geige spielt. Ehlert ist speiübel bei dem Gedanken, was ihnen zu Hause alles über die Russen weisgemacht wurde.

Bei einem holprigen Gespräch mit Irina, der Dolmetscherin, lässt er eines Abends die Bemerkung fallen, dass auch er Geige spielen könne. Sofort hält man ihm ein altes Instrument hin, das er mit Ehrfurcht in die Hand nimmt und anstarrt, als sei es das Wertvollste auf der ganzen Welt. Hier, mitten in Russland, überlässt man ihm, dem faschistischen Piloten, ein solches Instrument.

»Strauß, Strauß«, skandiert die Horde Russen im großen Aufenthaltsraum der Kommandantur. Also spielte Ehlert einen Strauß-Walzer. Als er fertig ist und die Geige von der Schulter nimmt, herrscht Stille. Man könnte eine Nadel zu Boden fallen hören. Der junge russische Kommandant der Wachmannschaft, der Sibirier, ist der Erste, der langsam und leise applaudiert. Dann fallen die anderen ein, und es endet in einem Jubelsturm, der Ehlert zu Tränen rührte, hätte er gelernt zu weinen.

Burr wird in diesen Tagen von einer gutmütigen, rundlichen russischen Krankenschwester aus Odessa fürsorglich wegen seiner Brandblasen behandelt. Sie wirkt wie eine unbewegliche Figur auf einem Gemälde aus der Barockzeit. Und doch, wenn sie sich zu langsamen, zeitlupenartigen Bewegungen hinreißen lässt, zeigt sie ihre Effizienz in allem, was sie tut. Sie bemuttert den deutschen Gefangenen wie eine Glucke, salbt seine Wunden, wäscht sogar seine Füße. Burr lässt sich das gerne gefallen.

Bei Gelegenheit bittet sie Ehlert um Handtuch und Seife und bekommt von ihr zur Antwort: »*Saftra budit* – morgen wird sein!«

Morgen also. Erst viel später werden Burr und Ehlert wissen, dass »*Saftra budit*« ein russischer Satz ohne jede Bedeutung ist, den man zu allen Anlässen, zu jeder Tageszeit und bei jedem Gemütszustand von einem Russen in jeder Tonfarbe hören kann. »Wir leben im Land der Saftraden und Buditen«, das wird ein geflügeltes Wort bei den deutschen Gefangenen werden.

Tage und Nächte ziehen ins Land, und die beiden Deutschen vergessen allmählich, dass sie hier in Russland eigentlich nichts verloren haben. Sie bekommen täglich drei Mahlzeiten, werden rasiert und können sich waschen – wenn auch ohne Seife und Handtuch. Abends bekommen sie die russischen Nachrichten aus der Zeitung vorgelesen, und sie musizieren mit ihren Bewachern, bei denen der Wodka in Strömen fließt. Dann hören sie vom Attentat auf Hitler, vom Scheitern der Männer des 20. Juli um Oberst Graf Stauffenberg. Und sie diskutieren mit ihren russischen Kameraden über Treue und Gehorsam, als würden sie im Hörsaal einer Offiziersschule gemeinsam Ausbildung betreiben. Für beide Seiten gehört es zur Selbstverständlichkeit, dass man dem Vaterland nicht in den Rücken fällt, auch wenn einem die politische Führung nicht sympathisch ist. Und besonders die Deutschen ereifern sich und ergehen sich in den angestammten Ehrbegriffen vergangener Generationen: Ehre, Vaterland, Pflichtgefühl.

»Wenn das Vaterland in Gefahr ist, hat man für sein Volk zu kämpfen, gleichgültig, wer gerade König ist, und egal, wie der zu seinem Volk ist«, behauptet Burr kategorisch.

Und Ehlert denkt nach. Was wiegt schwerer? Dumpfer Kadavergehorsam oder hohe Moralauffassung? Von welcher Grenze an ist Tyrannenmord Pflicht? Fragen, die ihn die Nacht hinein bewegen.

Am folgenden Morgen kündigt sich Unheil an in Form eines amerikanischen Jeeps, in dem sich ein russischer

Major und ein Leutnant von einem Unteroffizier chauffieren lassen, der Leutnant vorne, der kleine, dünne Major hinten. Die Bremsen quietschen, als das Gefährt vor der Kommandantur haltmacht. Es ist ein geschäftiges, nervöses Quietschen, das alle im Gebäude, ob gefangen oder nicht, aufschrecken lässt. Es ist langanhaltend wie eine Sirene, wie ein Alarm, der Unheil ankündigt.
Der Major trägt eine piekfeine Uniform, und sein Umhang aus schwerem Uniformstoff schneidet hörbar durch die Luft, als er aus dem Jeep springt. Der Leutnant trägt eine Nickelbrille wie der Professor, dessen sterbliche Überreste wohl immer noch in der verkohlten Maschine bei Sarny auf einer Wiese liegen.
Dann hört man im Gebäude das Wort »*Nemez*«. Burr und Ehlert wissen sofort, dass sie gemeint sind. »*Nemez*«, Deutscher. Zum ersten Mal seit Tagen werden die beiden Gefangenen getrennt und in einzelne Zimmer im Erdgeschoss der Kommandantur eingeschlossen. Von dieser Minute an ist nichts mehr, wie es war. Tschaikowsky und Strauß haben ausgespielt. Jetzt herrscht ein anderer Ton, und den probiert der Major gleich einmal bei Ehlert aus.

Zur Vernehmung bringt man den deutschen Piloten in einen kleinen Raum mit Sesseln und Tischchen. Der kleine, drahtige Major mit dem verschlagenen Gesicht, das Ehlert an ein Tier erinnert, das er aber nicht gleich in seinem Kopf reproduzieren kann, bietet ihm eine Zigarette an. Ehlerts erster Fehler: Er ist Nichtraucher und damit dem Major nicht nur verdächtig, sondern sofort auch unsympathisch.

Der Major und sein Leutnant, ein Dolmetscher, der vielleicht Mitte zwanzig sein mag, werden von dieser

Sekunde an die ständigen Begleiter der deutschen Gefangenen sein. Die Hauptdarsteller, Burr, Ehlert, Major, Leutnant, bleiben von nun an gleich. Die Statisten wechseln im täglichen Turnus. Jeden Morgen wird ein neuer Spezialist der Roten Armee von irgendwoher herangekarrt, um die Deutschen auszuquetschen.

Die Russen wollen alles über die verschiedensten Gebiete der deutschen Aufklärungsfliegerei wissen. Wie fliegen die Piloten bei Nacht? Warum funktioniert das mit der Blindlandung? Wie verhalten sich die deutschen Piloten beim Auftauchen von Nachtjägern, bei Kontakt mit der Flak, bei Scheinwerferkontakt? Wie funktioniert das Fotografieren mit Blitzlicht? Was sind die wichtigsten technischen Errungenschaften des deutschen Funkwesens?

Ehlert muss höllisch aufpassen, wie viel er dem Feind preisgeben kann. Feind? Ja, jetzt ist er es wieder. Der Russe, der hier vor ihm sitzt, verhält sich wie ein Feind. Tückisch und hinterhältig wird gefragt, gebohrt, sanfter Druck angewendet. Ehlert weiß, dass dieser russische Major und sein Leutnant die Daumenschrauben immer fester zudrehen werden. Er nimmt sich vor, auf keinen Fall etwas über die Technik und Ausbildung der Blindlandung zu erklären.

Blindlandung, das ist, als ob man auf der Autobahn mit einem Mercedes-Silberpfeil 300 Sachen fährt – nur mit einer Binde vor den Augen. So hat Ehlert das einmal von Burr gehört – kurz bevor sie ihre Do 217 in den Bach gesetzt haben. Blindlandung, das ist eine Technik, die zu dieser Zeit die Deutschen am besten beherrschen. Blindlandung ist die Königsdisziplin der Fliegerei zu einer Zeit, in der es nur ein rudimentäres Radar, kein

Bodenradar und schon gar keinen Autopiloten gibt. Blindlandung, das geht nur nach Gehör und mit viel Disziplin. Wenn die Russen wüssten, wie es funktioniert, könnten sie nachts jeden deutschen Flugplatz in Schutt und Asche legen. Sie könnten einfach blind bombardieren, anstatt blind zu landen.

Blindlandung, das geht so: Vom Boden sendet ein Funkfeuer einen Dauerton an die Maschine in der Luft. Der Pilot hört ein sonores, gleichmäßiges Brummen, wenn er auf Kurs ist. Weicht er zu weit nach links, hört er ein unterbrochenes Brummen, langgezogen, mit kleinen, spitzen Pausen dazwischen. Kommt der Vogel nach rechts vom Kurs ab, sind die Pausen länger, der Ton dafür kürzer und prägnanter. Den Kurs in horizontaler Richtung zu halten, ist vergleichsweise leicht. Das wissen die deutschen Piloten. Schwieriger wird's bei der Landung, denn dann ist auch die vertikale Dimension zu berücksichtigen. Ein paar hundert Meter vor der Landepiste entfernt mit einer 3000 PS starken Höllenmaschine unter dem Hintern, die 300 Sachen auf dem Tacho hat – und dann nichts als dunkle Nacht oder starker Nebel.

Blindlandung ist also nicht mehr ganz so einfach. Denn jetzt kommen zum Ton für links und rechts auch noch die Signale für hoch und tief hinzu. Wieder sind es Brumm- und Pieptöne, die zu unterscheiden sind. Und dann gibt es noch die Voreinflugzeichen, bei denen der Pilot erfährt, wie weit es noch ist bis zur Landebahn und was jeweils zu tun ist.

Eines der ersten Voreinflugzeichen signalisiert dem Mann am Steuerknüppel, dass er das Fahrwerk ausfahren muss. Zu hoch, zu tief, zu weit links, zu weit nach rechts – es piept und brummt wie wild in den Kopfhörern. Die Konzentration aufs Gehör ist leichter, weil die Augen keine Signale ans Hirn senden – und doch sind bei jeder Landung die Nerven zum Zerreißen gespannt.

Den Blindflug, das Fliegen ohne Bodensicht, hat Ehlert im Januar und Februar 1943 in der Blindflugschule 3 in Prag gelernt – in den Tagen also, als die 6. Armee in Stalingrad erfror und verblutete. Vier Wochen hartes Training am Steuerknüppel, Tag und Nacht, standen auf dem Programm – an die drohende Niederlage im Osten dachten die jungen Piloten da keinen Augenblick.

Von der wunderschönen Stadt Prag sah Ehlert in dieser Zeit nur wenig. Den Hradschin und den Wenzelsplatz hat er sich nicht nehmen lassen. Einmal war er sogar im Opernhaus. Untergebracht war Ehlert damals in einem von der Wehrmacht beschlagnahmten Mehrfamilienhaus. Mit einem weiteren Piloten lag er auf einem Zimmer. Sein Mitbewohner war kein Geringerer als Hans-Werner Große, der später weltberühmte Segelflieger, der lange Zeit 50 Weltrekorde hielt. Doch soweit wäre es beinahe nicht gekommen. Denn die beiden Flugschüler hätten um ein Haar aus Leichtsinn ihr Leben verloren – und das am Boden und ohne Feindberührung.

Die Zimmer wurden mit Kachelöfen geheizt. Da weder Ehlert noch Große Erfahrung mit diesen Öfen hatten, machten sie einen entscheidenden Fehler: Sie schlossen das Ofentürchen und das Ofenrohr nach draußen, um keine Wärme zu verlieren. Dabei übersahen beide, dass die Kohlen noch nicht vollständig verglimmt waren, und schliefen ein. Der Ofen begann übel zu qualmen, und wäre Große nicht mit einem Hustenanfall aufgewacht, beide wären an einer Kohlenmonoxidvergiftung erstickt. So konnten sie sich gerade noch rechtzeitig aus dem Zimmer schleppen und sich retten. Bezahlen mussten sie ihren Leichtsinn dennoch, sie lagen tagelang im Lazarett und hätten um ein Haar die Blindflugschule nicht abschließen können. Jedenfalls hatten sie viel aufzuholen. Doch beide kamen letztlich durch und bewährten sich in der schwierigsten fliegerischen Disziplin.

Blindflug, das heißt Sichtweite null bis 50 Meter bei voller Geschwindigkeit. Die Russen fliegen bei solchen Bedingungen nicht mehr. Sie bleiben am Boden, wenn die Sicht weniger als 500 Meter beträgt.

»Da nehmen unsere Besatzungen gemütlich die Fallschirme von den Schultern und zünden sich vor Langeweile eine Kippe an«, denkt Ehlert und grinst in sich hinein, bis den Stuhl, auf dem er sitzt, ein harter Tritt trifft. Ein russischer Oberst ist unzufrieden, weil er den deutschen Piloten bei der Vernehmung lässig auf einem Stuhl kauern sieht. Er brüllt die anderen Offiziere an, der *Nemez* hätte bei Vernehmungen gefälligst zu stehen. Ehlert versteht nicht gleich, erst als der Stiefel des Dolmetschers ein Stuhlbein trifft, ist ihm klar, was gemeint ist. Also steht der deutsche Offizier auf. Von jetzt ab wird er drei Stunden lang stehen, drei Stunden, in denen die Russen in ihren Sesseln sitzen und *Machorka* rauchen, bis der kleine Vernehmungsraum aussieht wie eine Landebahn bei Nebel im Blindflug.

Immer wieder versucht der Oberst mit seiner lauten, alles durchdringenden Stimme, den jungen deutschen Offizier einzuschüchtern. Manche Drohungen speit er so schnell hintereinander aus, dass der Leutnant mit dem Übersetzen nicht nachkommt. Ehlert spürt, wie sich seine Oberschenkelknochen langsam in die Hüfte bohren. Er merkt den Zug auf seinen Sehnen und Muskeln. Jetzt nur nicht wanken, nicht zittern. Das könnte als Schwäche ausgelegt werden. Ein deutscher Offizier zittert nicht, ist ihm bei seiner Ausbildung eingetrichtert worden.

Die Augen brennen vom Rauch der Zigaretten, der Mund ist trocken und die Zunge klebt am Gaumen. Vor ihm auf dem Tisch, hinter dem die drei russischen Offiziere sitzen, steht eine Karaffe aus Ton. Was mag wohl ihr Inhalt sein, rätselt Ehlert, um sich abzulenken. Immer wieder brüllt ihn der russische Oberst an, immer wieder übersetzt der Dolmetscher leise:

»Auf welchen Frequenzen übertragen Ihre Funkfeuer zu welcher Zeit? Wie heißen die Codewörter für die einzelnen Nachtfluggruppen? Wo werden diese derzeit eingesetzt?«

Fragen, Fragen, Fragen, die Ehlerts Hirn langsam aufweichen. Und doch kann er sich soweit konzentrieren, dass er immer wieder die gleiche Antwort gibt: »Leutnant Gerhard Ehlert, 6. Luftflotte, 2. Fernaufklärungsgruppe.« Dabei schlägt er die Hacken zusammen. »Jawoll, Leutnant Gerhard Ehlert, 6. Luftflotte, 2. Fernaufklärungsgruppe.« Er spannt seinen Körper und nimmt wiederum Haltung an. »Ich wiederhole: Leutnant Gerhard Ehlert, 6. Luftflotte, 2. Fernaufklärungsgruppe.«

Er hustet in sich hinein. Kurz bevor der Muskel des rechten Oberschenkels heftig zu zucken beginnt, spürt Ehlert die unerträgliche Anspannung vom Knie bis zur Hüfte. Es zerreißt ihn beinahe, aber er rührt sich keinen Millimeter.

»Noch nicht, Gerhard. Noch nicht!«, redet er sich zu.

Und er hat Glück. Irgendwann ist es dem Obristen zu blöd, immer wieder die gleichen Antworten zu hören. Er drückt die Kippe an der Wand aus und verlässt murmelnd den Raum. Ehlert errät, dass es ein Fluch war, den er ausgestoßen hat. Dann verlässt er den Raum.

Leutnant und Major erheben sich gleichzeitig, schütteln ihre müden Knochen aus, grinsen, horchen in den Gang hinaus, auf dem die Schritte des Obristen verklungen sind und beginnen lauthals zu lachen.

»Setz dich hin«, sagt der Dolmetscher zu Ehlert, und der genießt in diesem Augenblick einen Holzstuhl, als sei er der Thron eines Fürsten. Die Vernehmung ist zu Ende, und Ehlert ahnt langsam, was da noch auf ihn zukommen könnte.

Wie beiläufig erzählte der Dolmetscher leise, er sei früher einmal in Deutschland gewesen und hätte gesehen, wie die Arbeiter dort wohnten. »Allesamt in Erdhöhlen«. Die beiden Russen lachen hämisch.

Doch Ehlert weiß sofort, dass beide sicher nie in Deutschland gewesen sind. Er antwortet nicht, aber er merkt sich die hämische Lüge des Dolmetschers für alle Zeiten. Er wird die Lüge brauchen können, die Lüge über die Erdlöcher, in denen die deutschen Arbeiter angeblich hausen. Noch viel mehr: Für sein ganzes Denken in den kommenden Wochen und Monaten wird diese lächerliche Lüge des russischen Leutnants eine entscheidende Rolle spielen. Noch ahnt Ehlert das nur ganz dunkel.

Die Tage werden jetzt immer kürzer, nicht nur, weil der russische Winter langsam Einzug hält, sondern auch, weil die Zeiträume zwischen den Vernehmungen immer kürzer werden. Burr hat Ehlert seit Tagen nicht gesehen. Manchmal hört er seine Flüche auf dem Flur, manchmal glaubt er ihn schreien zu hören. Burr schreit zurück, wenn er von den Russen bei der Vernehmung angeschrien wird. Doch dann, eines Nachts, verstummen die Schreie Burrs. Nichts ist mehr zu hören. Ehlert schläft unruhig. Er muss morgens nicht erst geweckt werden, als die nächste Vernehmung ansteht. Diesmal ist es ein Oberstleutnant, der sich zu seinen beiden Bewachern gesellt, die Tag für Tag wie aus dem Ei gepellt vor ihm auftreten.

Ehlert weiß sofort, dass jetzt ein neues Kaliber an Verhör auf ihn zukommt. Das Lächeln aus dem tierischen Gesicht seines Majors und des Dolmetschers ist verschwunden. Der Oberstleutnant zieht langsam und mit Bedacht seine Handschuhe aus und legt sie auf den Tisch. Dann schnallt er sein Koppel ab und legt es samt seiner Pistole behutsam neben die Handschuhe. Er flüstert mit seinen Bewachern, und es dauert eine kleine Ewigkeit, bis er sich Ehlert widmet, der schon wieder eine ganze Weile steht.

Der Oberstleutnant dreht sich zum Dolmetscher und sagt etwas leise auf Russisch. Wieder beginnt das Verhör, doch diesmal sind die Fragen ganz anderer Natur. »Wo leben Ihre Eltern? Wissen Sie, wie viele Luftangriffe jeden Tag auf Deutschland geflogen werden? Was denken Sie über Hitler?«

»Leutnant Gerhard Ehlert, 6. Luftflotte, 2. Fernaufklärungsgruppe.« Er haut dabei die Hacken ein bisschen zusammen. »Jawoll, Leutnant Gerhard Ehlert, 6. Luftflotte, 2. Fernaufklärungsgruppe.« Er spannt seinen Körper an und nimmt leicht Haltung an. »Ich wiederhole: »Leutnant Gerhard Ehlert, 6. Luftflotte, 2. Fernaufklärungsgruppe.«

Er schwitzt. Die Augen des Oberstleutnants lassen nicht ab von Leutnant Gerhard Ehlert, und wie auf ein geheimes Zeichen treffen sich die Blicke der beiden Männer, des deutschen Piloten und des russischen Politoffiziers – er trägt rote Sterne an den Ärmeln – gleichzeitig auf dem Tisch, auf der Pistole, die sicher in ihrem Halfter verstaut ist. Zum ersten Mal seit ihrem Absturz empfindet Ehlert so etwas wie einen Hauch von Angst. Noch sitzt sie nur ganz leise in seinem Nacken und scheint auch ziemlich unbegründet. Doch dann erhebt sich der Russe aus seinem Sessel, greift zum Halfter, zieht einen Revolver heraus und setzt den Nagant, der aussieht wie ein amerikanischer Colt, Ehlert hart auf die Brust.

Wieder sagt der Oberstleutnant, ohne sich umzudrehen, leise etwas zum Dolmetscher, der aufgeregt übersetzt: »Wir sind mit Ihren Aussagen nicht zufrieden, Sie haben Bedenkzeit bis morgen.«

Ehlert fährt der Schreck in die Glieder, und der will sich auch nicht legen, als ihn der Dolmetscher auf seine Kammer zurückbringt und sich der Schlüssel im Türschloss dreht. Er will sich auch nicht verziehen, als Ehlert die ganze Nacht mit offenen Augen auf dem Rücken auf seiner Pritsche liegt. Nein, jetzt hat er zum ersten Mal richtig Angst, kommt sich ausgeliefert und hilflos vor. Woher soll er auch wissen, ob der Russe nur blufft, oder ob er es ernst meint? Eigentlich waren die Vernehmungen bis auf wenige Ausnahmen mehr Gespräche unter Kollegen, doch damit hat der russische

Oberstleutnant jetzt Schluss gemacht. Das wird nie wieder so sein, bei keiner einzigen Vernehmung von den Dutzenden, die noch kommen werden. Der Ton hat sich geändert und Ehlerts Gefühl für die Gefangenschaft. Je mehr er sich weigern würde, etwas über sein Privatleben oder über Dienstgeheimnisse auszuplaudern, umso mehr würde sich die Schlinge um seinen Hals zuziehen, desto rauer würde der Ton werden.

Ehlert hat in diesem Augenblick auf seiner Pritsche in dem dunklen Raum in der Kommandantur nicht mehr genügend Spucke, um zu schlucken. Sein Kopf brennt, sein Herz rast. Die ganze Nacht über macht er kein Auge zu. Immer wieder muss er an den Nagant an seiner Brust denken. Er spürt das kalte, glatte Eisen der Waffe auf seinen Rippen, sieht im Geiste, wie der geleckte Oberstleutnant mit seinem pomadigen Haar ihm gegenübersteht und langsam abdrückt. Wie wird es sein, wenn die Kugel in seine Brust dringt? Welche Schmerzen sind das? Wird die Kugel gleich das Herz zerreißen oder nur die Lunge treffen? Ehlert sieht Blut aus seinem Mund rinnen, hechelt nach Luft, hört sich lautlos und nach innen schreien. Dann schnellt er auf seiner Pritsche hoch, schweißnaß und zitternd. Der Oberstleutnant blufft doch nur, legt er sich eine neue Wahrheit zurecht und krümmt sich wie ein Embryo auf seiner Pritsche zusammen.

Die Nächte draußen sind schon kühl. Ehlert schwitzt und friert zugleich. Er denkt an Riele zu Hause und sieht ein Licht. Es wird wärmer um ihn herum, und fast hätte ihn das Lächeln, das ihm über die Lippen huscht, nicht geschmerzt. Fast. Doch die Wirklichkeit ist stärker. Er denkt an einen Satz, den er irgendwo gelesen hat:

»Einmal vor Unerbittlichem stehen, wo keine Mutter sich nach uns umdreht und wo kein Weib unseren Weg kreuzt. Wo nur die Wirklichkeit herrscht, grausam und groß«.

Und das hier, in dieser Kommandantur, am Rande dieser Stadt, die er nicht kennt, das hier ist also die Wirklichkeit. die Wirklichkeit, in der morgen schon alles aus sein kann. Ihm ist zum Heulen. Und dann fällt er doch in einen leichten, oberflächlichen Schlaf, aus dem ihn der blonde Sibirier, sein russischer Pilotenkollege, den er seit Tagen nicht mehr gesehen hat, schließlich frühmorgens herausreißt.

»*Dawei!*« Der Russe steht in der Tür und bedeutet dem deutschen Piloten, er möge sich erheben. »*Dawei!*«

Ehlert blickt in das Gesicht des jungen Russen, der ihn noch ein paar Tage zuvor rasiert hat, der ihn dazu verdonnert hat, den Oberlippenbart stehen zu lassen. »Damit Sie ein Ziel vor Augen haben und einen Schlussstrich ziehen können, wenn Sie wieder zu Hause sind.«

Die Worte des jungen Russen klingen Ehlert in den Ohren. Ist ein Lächeln in seiner Miene zu ahnen? Oder findet sich dort im Gesicht des russischen Piloten etwa ein Zug, der auf das bevorstehende Ende hindeuten könnte?

Ehlert schaut dem Mann fest ins Gesicht, als wolle er darin lesen. Doch der Russe wirkt müde, und seine Gesichtszüge sind leer und nichtssagend – wie weiße Seiten in einem Buch ohne Text. Auf einmal hat Ehlert das Gefühl, als habe ihm der junge russische Pilot nichts mehr zu sagen außer »Dawei!«. Ehlert windet sich auf, folgt langsam dem Sibirier, der ihn in das Vernehmungszimmer führt. Und dann? Dann passiert wieder nichts.

Einfach nichts. Kein Oberstleutnant, kein Nagant, keine Kugel, kein Major, kein Dolmetscher. Nichts. *Nitschewo*. Nichts. Nur ein Becher dampfender Tee, der auf dem Tisch vor ihm steht und den der Russe dem Deutschen mit einem Wink schmackhaft macht.

Ehlert trinkt und verbrennt sich die Zunge. Nie würde er sich vor dem Russen einen Schmerz anmerken lassen. Also schluckt er das viel zu heiße Wasser ganz hinunter. Zu Hause würde er sicher fluchen, hier muss er trotz des Schmerzes fast vor Freude lachen, weil er die Worte des Sibiriers in dem Augenblick hört, in dem er den heißen Tee hinunterwürgt.

»Vernehmung beendet«, sagt der Russe gelassen und weiß nicht recht, ob es den Deutschen freuen wird, das zu hören. Natürlich freut sich Ehlert. Und wie! Er hätte seinen Pilotenkollegen am liebsten umarmt. Kein Nagant auf der Brust. Kein Überlegen mehr bis morgen. Kein Verhör mehr hier in dieser gottverlassenen Kommandantur, in der er glaubte, sterben zu müssen. Der russische Pilot kommt Ehlert vor wie ein blonder Engel – und wird ihn doch noch am selben Tag schrecklich enttäuschen.

Zuvor durchläuft der deutsche Leutnant nochmals eine ganze Menge an Formalitäten. Die Marschpapiere werden ausgestellt. Es ist klar: Die Kommandantur hier ist Geschichte. Es geht weiter, und das zu zweit. Denn plötzlich ist auch Burr wieder da. Sein Gesicht ist geschwollen und seine Oberlippe aufgeplatzt. Er kann nur schwer sprechen. Offensichtlich haben die Russen den deutschen Feldwebel weniger korrekt behandelt als den deutschen Offizier. In Burrs Augen aber kann Ehlert lesen, dass sie nichts aus ihm herausprügeln konnten.

»Geht schon, Herr Leutnant«, nuschelt der Bordschütze seinem Piloten zu. Dann verabschiedet man sich artig von den Deutschen, die hier zum ersten Mal die beiden Seiten der russischen Gefangenschaft kennengelernt haben.

Vor der Kommandantur werden Ehlert und Burr von einem Wachsoldaten mit einer PPSch-Maschinenpistole im Anschlag in Empfang genommen. Gerade als sich der kleine Trupp in Bewegung setzten will, bittet der Sibirier Ehlert nochmals nach drinnen. Natürlich gehorcht der deutsche Pilot, der gleich erfahren wird, was Krieg bedeutet: dass es keine Freundschaft unter Feinden geben kann.

Der Russe befiehlt dem Deutschen, seine Stiefel auszuziehen, und stellt ihm dafür ein paar Schuhe ohne Schnürsenkel hin. Dem russischen Piloten ist die Szenerie zwar sichtlich peinlich, an der Tatsache, dass er seine eigenen schlechten Schuhe gegen Ehlerts erstklassige Stiefel tauscht, ändert das nichts. Und Burr geht es draußen derweil genauso. Nur dass er noch weniger Glück hat. Er bekommt für seine Stiefel ein paar zerlumpte Schuhe aus Filz.

»Die haben wohl bemerkt, dass unsere Klamotten offenbar doch recht gut sind und kein ›Errsatz‹«, murmelt Burr, als er seinen Leutnant in Halbschuhen sieht und an sich selbst hinunterblickt.

Der Wachsoldat bringt die beiden deutschen Gefangenen zu einem Bahnhof. Kaum dort angekommen, werden Ehlert und sein Bordschütze von einer bedrohlichen Menschenmenge umringt. Zunächst starrt man die beiden nur an. Kein Lächeln fliegt den Deutschen zu, kein verständnisvoller oder gar mitleidiger Blick.

Ehlert sieht sich um und ahnt schnell, was hier in diesem kleinen Ort mit diesem Bahnhof passiert ist. Überall liegen Trümmer herum. Keines der Gebäude rund um die Gleisanlagen ist unbeschädigt. Den Verwüstungen nach muss es viele Tote gegeben haben.

In derselben Sekunde, in der Ehlert seinen Bordschützen leise von seiner Entdeckung berichten will, drängt sich aus der Menge, die die beiden deutschen Flieger umringt, eine kleine, ältere Frau nach vorne. Sie zeigt mit ihrem Krückstock auf Ehlert und Burr und schreit: »*Tu Bombider, da, da?*«

Ein Raunen geht durch die Menge, aus der ein schmächtiger Mann mit einer viel zu großen Pistole am Gürtel heraustritt. In holprigem, aber klarem Deutsch schreit er den Fliegern ins Gesicht: »Du und du, Hitlerschwein!« Er klopfte sich stolz auf seine Brust. »Ich Partisan! Vater, Mutter, Bruder, Schwester, die habt ihr alle ermordet. Hast du Vater, Mutter, Bruder, Schwester?«, fragte er Ehlert barsch. »Die wirst du alle nicht wiedersehen. Wenn wir erst in Deutschland sind, werden wir waten in deutschem Blut, wie ihr Hitlerschweine im französischen Sekt geschwommen seid.«

Der hasserfüllte Satz trifft den deutschen Offizier in der Seele, und Ehlert ahnt, wie der Sturm aussehen könnte, den sie, die Deutschen, drei Jahre zuvor mit dem Angriff auf die Sowjetunion gesät haben.

Der russische Wachsoldat, der offenbar begriffen hat, dass er wertvolle Gefangene im Gepäck hat, macht dem Spuk auf dem zerbombten Bahnhof ein Ende. Mit einer unmissverständlichen Geste, die er mit seiner Maschinenpistole unterstreicht, treibt er die Leute auseinander. Missmutig und mit Flüchen auf den Lippen trotten sie von dannen, nicht ohne vorher den Deutschen noch böse Blicke zuzuwerfen.

Erst jetzt erkennen Ehlert und Burr das ganze Ausmaß der Zerstörung, die offenbar ein paar Tage zuvor einer der letzten deutschen Bombenangriffe in diesem Abschnitt der Front angerichtet hat. Und Ehlert wundert sich, dass seine arg ramponierte Luftflotte dazu überhaupt noch in der Lage war. Die Verwunderung wird umso größer, als jetzt plötzlich der Blick frei wird auf den gesamten Bahnhof. Endlos lange Güterzüge mit Panzern und Geschützen, soweit das Auge reicht. An manchen Waggons steht mit Kreide geschrieben: »Nach Berlin!« Fein säuberlich in deutschen Lettern, damit die Todfeinde der Roten Armee das auch ja lesen können.

Ehlert muss in diesen Augenblicken an den Ersten Weltkrieg denken, an Sprüche wie »Jeder Schuss ein Russ« und »Jeder Stoß ein Franzos«. Seltsam, dass ihm ausgerechnet das jetzt durch den Kopf schwirrt. Er staunt über sich und er staunt über das, was er auf diesem Bahnhof irgendwo in Russland sieht: russische Soldaten in euphorischer Stimmung. Lachend, fast jubelnd winken sie den Zivilisten zu.

»Das gefällt mir gar nicht, Herr Leutnant. Das ist hier wie bei uns nach'm Frankreichfeldzug«, murmelt Burr.

»Befürchte mal, die haben allen Grund dazu, Burr. Seit Stalingrad ist bei uns nicht mehr viel los. Aber dass Sie mir ja die Klappe halten, Burr. Sonst landen wir noch am Galgen wegen Defätismus«, grinst Ehlert, und sein Bordschütze grinst breit zurück.

Wie sollten sie hier auch mitten in Russland dafür bestraft werden, dass sie beide nicht mehr an den Endsieg glauben. Fernaufklärer wie sie glauben schon lange nicht mehr an den Sieg. Zu viele Panzer, zu viele Geschütze, zu viele Rotarmisten haben sie auf ihren Strichlisten in den letzten Monaten notieren müssen. Der Krieg ist verloren. Doch das wissen der Leutnant und sein Feldwebel nicht erst seit diesem Tag auf dem Bahnhof bei Baranowitschi.

Und während die russischen Soldaten singend vorbeiziehen, denkt Ehlert an seine Schulzeit. Er erinnert sich daran, wie er immer wieder den »Diercke-Schulatlas für höhere Lehranstalten« zur Hand genommen und darin so oft und so lange geblättert hat, bis sich viele Karten wie fotografisch in sein Gehirn geprägt haben. Er denkt an die Kriegserklärung Großbritanniens und malt sich sofort das britische Weltreich aus: Kanada, große Teile Afrikas, Indien, Australien und viele andere kleine Gebiete, dann die große Handels- und Kriegsflotte, die imstande sein würden, alles Notwendige nach England zu befördern. Er hat sofort gewusst: Man darf nicht die engen Beziehungen zu den USA unterschätzen, die Großbritannien sofort durch Lieferungen unterstützen würden, so wie Deutschland auch ständig von anderen Staaten Material kaufte. Zwei Minuten später hat der Schüler Gerhard Ehlert halblaut zu sich selbst gesagt: »Diesen Krieg verlieren wir.«

Was er damals noch nicht kannte, war Hitlers Wahn vom Lebensraum im Osten, was Krieg gegen die Sowjetunion bedeuten würde. Ein Zweifrontenkrieg! Wahnsinn, denkt sich Ehlert jetzt, im Herbst 1944 und verkneift sich ein »Ich hab's ja gleich gewusst«. Er will Burr gegenüber nicht wieder als Klugscheißer erscheinen.

Der Wachsoldat bringt seine wertvolle Fracht in ein ganz kleines Lager, in dem die beiden Flieger erstmals auf andere deutsche Gefangene treffen. Die Männer, Panzersoldaten, Infanteristen, Sanis und Pioniere, sehen heruntergekommen aus. Alle, die aus dem Haufen noch einigermaßen gehen können, halten auf Ehlert und Burr zu. Die Flieger können es einfach nicht glauben und sehen sich verdutzt an: Die Grabenkrieger betteln um Brot. Bereitwillig geben sie einen Großteil ihres Vorrats, den sie in der Kommandantur mit auf den Weg bekommen haben, an die Infanteristen ab. Burr und Ehlert kennen noch keinen Hunger. Die ganze Szenerie aber macht einen beklemmenden, deprimierenden Eindruck auf die beiden Flieger. Bei der Begegnung mit diesen zerlumpten Kameraden empfindet Ehlert Scham. Er schämt sich, Gefangener zu sein, und ahnt, wo ihn sein Weg hinführen wird. Gefangener sein, das war bis auf den Nagant an der Brust bisher eher ein Spaziergang. Hier und jetzt wird Gefangenschaft zum Makel, zum Kainsmal.

Die Nacht verbringen die Männer auf dem Boden einer Scheune im Heu. Die Infanteristen singen mit den Panzermännern wehmütige Heimatlieder. Die Flieger fühlen sich ein bisschen ausgeschlossen. Das ist das Schlimmste: nicht dazugehören. Das werden Burr und Ehlert in den nächsten Wochen lernen müssen. Die warme, empfindsam traurige Stimmung in dieser Scheune und das Gefühl der Einsamkeit werden weder den jungen Leutnant noch seine Bordschützen je wieder aus den Knochen gehen, und ein Gefühl verzweifelter Hilflosigkeit befällt sie, das Gefühl, völlig verlassen zu sein, dem Feind ausgeliefert, ohne eine Vorstellung über die Zukunft, mit den Gedanken, für immer hierbleiben zu müssen, hier, im Land des Feindes. Allein die Erinnerung an zu Hause, an die geliebte Riele und an die blonde

Linda in Mergelstetten bei Heidenheim, die immer noch am Ufer des kleinen romantischen Flüsschens Brenz auf Burr wartet, an die Angehörigen mit allem, was sich damit verbinden lässt, hält in den beiden Fliegern die Hoffnung ein wenig wach.

Am anderen Morgen geht es auf eine lange Reise immer weiter nach Osten. Der Zug hält an vielen kleinen und größeren Bahnhöfen. Ehlert und Burr lernen, nachts zu frieren und tagsüber zu hungern, den Rest der Zeit zu zittern und heimlich zu beten. Und sie denken an zu Hause, wie alles so geworden ist, wie es jetzt ist.

Ehlert war durch seinen Vater schon früh mit dem Militär verbunden. Er denkt an die vielen Stationen seines jungen Lebens, die er durch die vielen Versetzungen des Vaters schon hinter sich gebracht hat, etwa die Stadt Rathenow an der Havel, Weltmittelpunkt der Brillenherstellung. Dort gibt es große Fabriken wie Nitsche und Günther. Viele kleine, ganz kleine Familienunternehmen stellten Brillen her. Emil Busch, eine Fabrik für optische Geräte, baute Feldstecher, vorwiegend 6x30. In Rathenow lag der Stab des Reiter-Regiments 3 mit dem Regimentskommandeur Oberst Feldt. Das Trompeterkorps wurde von dem Obermusikmeister Sillig geleitet. Ehlerts Vater war inzwischen zum Wachtmeister befördert worden und zählte damit zu den Portepee-Unteroffizieren. Er trug einen Säbel mit goldenem Löwenkopf und roten Glasaugen.

In Rathenow kam Gerhard auf das Reform-Real-Gymnasium. Er musste zwei Jahre Französisch nachholen, Latein gab es erst in höheren Klassen. Für seinen Vater war das der Anlass, ihn vom Jungvolk abzumelden, ohne ihn zu fragen. In drei Monaten hatte er alle Rückstände aufgeholt. Den Nachhilfeunterricht bekam er vom Studienreferendar Deneke, bei dem ihm das Lernen viel Spaß machte. Deneke war mitreißend. In seiner kleinen Bude sangen die beiden laut bei offenem Fenster die Marseillaise, und Deneke spielte dazu auf dem Klavier. Dank seiner Lateinkenntnisse fiel Gerhard das Lernen der französischen Sprache leicht. Deneke war immer sehr gespannt, wie seine schriftlichen Arbeiten ausfielen, und Gerhard enttäuschte ihn nicht. Kurze Zeit später starb der Lehrer an Tuberkulose.

Im Orchester spielte Gerhard in dieser Zeit wieder zweite Geige. Sein Klassenkamerad Harry Keems, auch im Orchester, aber erste Geige, gab ihm einen guten Tipp, wie ein Vibrato schön zu spielen sei, nämlich gefühlsmäßig dem jeweiligen Musikstück angepasst. Gerhard nahm den Hinweis ernst und kultivierte das Verfahren im Laufe seines Musizierens. Später sagten ihm Mitmusizierende unabhängig voneinander, er habe einen sehr schönen Ton. Ehlert wusste, wem er das zu verdanken hatte. Bei fast allen großen Geigern und noch mehr bei Cellisten verfolgte er von nun an kritisch, wie sie ein Vibrato spielten, und viele tun es, als ob es nur ein Einziges geben würde, ein ganz schnelles, gleichgültig, ob es angebracht ist oder nicht.

Geigenunterricht bekam Gerhard bei Obermusikmeister Sillig. Im Nachhinein weiß Ehlert, dass er damit keinen besonders guten Lehrer hatte. Sillig präsentierte ganz die alte Schule: Unter den rechten Oberarm musste immer ein kleines Kissen geklemmt werden, damit das Handgelenk locker würde. Er spielte Etüden, ja, aber er lernte keine Geigenliteratur kennen. Was nützte es da, dass Sillig immerhin, wie alle Musikmeister, auf der renommierten Musikakademie Berlin studiert hatte, die vom Geigengenie Joseph Joachim geleitet wurde. Vielleicht konnte er ja damit angeben, dass er ein »Schülerenkel« von Joachim war. Sein Geigenspiel wäre bei einem sehr guten Lehrer viel besser geworden. Die wöchentliche Geigenstunde begann damit, dass er erst mal Brötchen holen musste. Geübt hatte er damals täglich eine halbe Stunde, was eigentlich zu wenig war.

Als einer der wenigen blieb er in den Sommerferien nicht zu Hause, sondern fuhr nach Meiersberg. Erst ging es mit dem Zug bis Berlin. Dort wurde er von Tante Bine, der älteren Schwester seiner Mutter, in Empfang genommen. Mit der Elektrischen fuhr man zum Stettiner Bahnhof, und von dort ging die Reise im Personenzug weiter, 151 Kilometer bis Ferdinandshof. Er kannte jede Station. Auf den Bahnhöfen der Städte fuhren kleine Wagen mit Speisen und Getränken am Zug entlang, und Spezialitäten wie »Eberswalder Spritzkuchen« wurden ausgerufen. In Ferdinandshof stand für ihn entweder ein Pferdefuhrwerk für die sechs Kilometer bis Meiersberg bereit, oder Walter Blankenburg kam mit seinem Chevrolet.

Bei seiner Verwandtschaft wurde kein Aufhebens um seinen Besuch gemacht. Bei dem Turnverein reihte er sich ein wie jedes Jahr. Wenn schönes Wetter war, fuhr man an den Strand. Das war das Haffbad in Ueckermünde. Dazu fuhr man mit dem Rad durch den Wald. Auf dem Parkplatz standen Hunderte Räder, und nicht eines davon war abgeschlossen.

Gewaschen hat er sich nach Bedarf an der Pumpe, wobei seine Kusine Inge pumpte. Die Kühe wurden die erste Zeit nach dem Kalben dreimal gemolken, danach nur morgens und abends. Morgens bekam er von Tante Meta eine Tasse kuhwarme Milch. Seine Aufgabe bestand darin, das Holz für den Herd zu holen und schön ordentlich in die Holzkiste am Herd legen. Zu dieser Zeit gab es in einigen alten Bauernhäusern noch jene urtümlichen Herde, die eigentlich nicht mehr waren als ein gemauerter Tisch. Gekocht wurde auf offenen Feuern, über denen die Töpfe und Pfannen auf eisernen Dreifüßen standen. Der Rauch zog durch eine trichterförmige Esse ab. Dann kamen gemauerte Herde auf, bei denen die geschlossene Feuerstelle mit einer gusseisernen Platte mit runden Öffnungen abgedeckt war, in denen mehrere Ringe lagen, die je nach Topfgröße herausgenommen werden konnten.

Nach jedem Melken musste Gerhard auch die Zentrifuge drehen, in der die Milch entrahmt wurde. Diese war eigentlich die erste Maschine, die den Bauern die Arbeit erleichtern sollte. Sie brachte aber keine große Erleichterung, denn nach jeder Benutzung musste sie sorgfältig gereinigt werden, was wegen der vielen kegelförmigen Teller umständlich war. Diese Arbeit musste Gerhards damals knapp zehnjährige Kusine Inge erledigen.

Seine Mutter erzählte, dass es in ihrer Jugendzeit, also um 1900, einen sogenannten Sattenschrank gab, katzensicher durch dicht an dicht angeordnete senkrechte Stäbe, ohne Glas, mit vielen Brettern, auf denen Satten (flache Teller) standen, mit Milch gefüllt. Darin setzte sich der Rahm ab, wurde abgeschöpft und zu Butter verarbeitet. Die Magermilch bekam das Vieh. Im Butterfass, einem hohen, röhrenartigen Gefäß aus Holz, wurde mit einem Stampfer, einer runden Holzscheibe mit Löchern, die an einem Stiel befestigt war, gebuttert. Bei

Gewitter wollte und wollte keine Butter entstehen, es wurde kaltes Wasser zugegossen, wodurch die schöne Buttermilch wässriger wurde.

Zu Meiersberg gehörte auch das Gezwitscher der Schwalben, die ihre Nester im Stall und unter dem Dachüberstand hatten, die Geräusche der Schweine und Kühe und der Glucke mit ihren Küken, die zum Schutz gegen Katzen und Greifvögel unter einem Drahtkäfig untergebracht war. Seine Mutter erzählte weiter, dass in ihrer Jugendzeit jedes Jahr ein Schützenfest abgehalten wurde. Morgens zog eine Blaskapelle zum Wecken durchs Dorf. Am Nachmittag marschierten alle zum Wald, vorneweg die Kapelle, dann die Mädchen in weißen Kleidern, danach die Jungs, das Pusterohr geschultert, oben mit einer Rose. Die Mädchen warfen mit einem Ball nach einem Vogel auf einer Stange. Bei einem Treffer fiel ein Stück runter, und wer das letzte Teil traf, war Königin. Auch seiner Mutter war das einmal gelungen. Die Jungs schossen mit dem Pusterohr auf eine Scheibe, und der Beste wurde Schützenkönig.

Auch Gerhard hat in Meiersberg Schützenfeste mitgemacht. Von der Verwandtschaft erbat er sich etwas Geld. Es gab ein Karussell, das wurde von zwei Jungs angetrieben. In der Mitte, von außen durch Bretter verdeckt, befand sich ein Kreuz aus Holzbalken, das von kräftigen Burschen angeschoben wurde. Dafür hatten sie eine Freifahrt.

Es gab in Meiersberg auch eine Bockwindmühle. Der Geruch und die durch Mehl und Körner sehr glatten Dielen, das Knarren der Holzzahnräder hat er nie vergessen. Der Müller Hermann Krüger war auch Bäcker. Bei ihm wurde Brot bargeldlos bezogen. Ein Sack Korn wurde mit der Holzschubkarre zur Mühle gefahren, und dafür bekam man 60 Brote. Wenn ein Brot geholt wurde, vermerkte er dies in einem blauen Oktavheft mit einem Strich. Nach 60 Strichen wurde wieder ein Sack Korn zur Mühle gebracht.

Manchmal schlief Gerhard auch bei Tante Erna, der ältesten Schwester seiner Mutter, im Giebelzimmer des Dachgeschosses. Dieses Zimmer lag auf der Ostseite. Er wurde durch die Sonne geweckt. Bei Ostwind und sehr großer Wärme strömte vom Wald Harzgeruch ins Zimmer.

Im Frühjahr 1936 trat er wieder ins Jungvolk ein, nachdem er zwei Jahre und zwei Monate nicht »organisiert« gewesen war. Der Dienst in dieser Jugendorganisation der NSDAP war langweilig. Zwei Lager machte er mit. Eines ist ihm in besonderer Erinnerung. Es begann an einem Freitag bei schönem Wetter. Gerhard und neun andere Jungs, fast alle aus einer Klasse, beschlossen in einer Pause, anderntags nach Pritzerbe zu fahren. Dieser Ort liegt an einem Havelsee, südöstlich von Rathenow. Es wurde festgelegt, wer was mitzubringen hatte, mit guter Beratung durch die Mütter: Einer kümmerte sich um die Zutaten fürs Essen, einer um einen großen Aluminiumtopf, einer um die damals beliebte Vierfruchtmarmelade. Jungvolkmitglieder konnten Zeltbahnen mit doppelter Knopfreihe ausleihen.

So ging es los, nicht befohlen, sondern aus purer Lust. Am Ziel angekommen, fuhren zwei ins Dorf, um einen Bauern um Stroh für die Unterlage im Zelt zu bitten – alles ganz ordentlich und gesittet. Die Zeltbahnen wurden zusammengeknöpft. Nachdem das Zelt stand, musste ringsherum ein Graben für den eventuellen Regen (sie wussten, dass es nicht regnen würde, aber Vorschrift ist Vorschrift) geschaufelt werden. Dann wurde nach getaner Arbeit gegessen, Marmeladenbrote und Malzkaffee.

Was gab es sonst noch zu tun? Man konnte zum Beispiel erkunden, ob in der Nähe noch andere Gruppen zelteten, denen man nachts einen Besuch abstatten würde. Dabei würde man ganz leise die Heringe gleichzeitig herausziehen, damit das Zelt zusammenbricht. Das war ein harmloser Streich, aber für jene, die aus sicherer Entfernung auf die Wirkung ihrer Taten warteten, ein Spaß. Dann würde man natürlich schnell verschwinden. Leider haben sie keine anderen Gruppen gefunden.

Am Nachmittag wurde dann ein kreisförmiger Graben angelegt und in der Mitte ein kleines Feuer angezündet, das über Nacht nicht ausgehen durfte. Zwei Burschen sind daher des Öfteren in den Wald gegangen, um trockenes Holz zu sammeln. Es wurde dunkel. Nachtwachen wurden eingeteilt – auch das musste sein. Jeder musste eine Stunde, mit einem Speer bewaffnet, Wache stehen. Schlimm war die Wache zwischen zwei und drei. Man musste bei tiefster Dunkelheit in den Wald, um weiteres Holz für das Feuer holen, und plötzlich hörte man ein Knacken. O Schreck! Ein Mensch, ein Feind? Hoffentlich nur ein Tier.

Am Morgen gab es dann Gymnastik, danach nackend einen Waldlauf bis zum See, und hinein. Am nächsten Nachmittag hieß es alles abbauen, das Stroh zurückbringen. Solche zwanglosen Tage blieben lange im Gedächtnis wie heute ein schöner Urlaub. Es war einfach romantisch. Erlebnisse wie diese trugen dazu bei, die Zeit der Jugend in verklärter Erinnerung zu behalten.

Vieles, was in dieser Zeit geschah, wurde von den

meisten durchaus positiv aufgenommen. So hatte Hitler es fertiggebracht, die große Arbeitslosigkeit binnen relativ kurzer Zeit zu überwinden. Dass dies mittels eines gigantischen Rüstungsprogramms geschah, wird den meisten gar nicht aufgefallen sein. Dass ein solches gegen den verhassten Versailler Vertrag verstieß, weckte eher Genugtuung. Aber Hitler dachte schon in diesen Jahren weiter als die Masse der Bevölkerung. Sein Programm sah nicht nur die Revision des für Deutschland ungünstigen Friedensvertrages von Versailles vor, sondern auch die Eroberung neuen »Lebensraums« im Osten – natürlich auf Kosten der dort lebenden und als minderwertig verunglimpften Menschen.

Die Millionen von Arbeitslosen kümmerte es nicht, ob sie in einem Rüstungsbetrieb arbeiteten oder strategisch wichtige Verkehrswege woanders bauten, Hauptsache, sie hatten wieder irgendeine Arbeit, mit der sie ihre Familien ernähren konnten.

Außerdem gelang es Hitler, das Selbstwertgefühl der Deutschen erheblich zu steigern. Besonders die Arbeiter fühlten sich aufgewertet, da die NSDAP alle Berufstätigen gleichermaßen als Arbeiter bezeichnete und dabei in zeitüblichem Pathos nur unterschied zwischen dem »Arbeiter der Stirn« und dem »Arbeiter der Faust«. Das kam auch in der traditionell sozialdemokratisch und kommunistisch gesinnten Arbeiterschaft nicht schlecht an. In seinen Reden hämmerte er allen Deutschen ein, sie wären das tüchtigste und in jeder Beziehung beste Volk der Erde, was gerade schlichteren Gemütern schmeichelte. In Meiersberg hatte Gerhard selbst erlebt, dass ab etwa 1936 selbst bei seiner eingefleischt sozialdemokratischen Verwandtschaft die kritische Haltung gegenüber dem Nationalsozialismus allmählich einer positiveren Beurteilung Platz machte. Denn: »Der tut ja wirklich was für die Arbeiterschaft«, so hieß es. Nur Ehlerts Mutter ließ sich davon nicht beeindrucken und verharrte, aus Trotz oder instinktiv, unbeirrt bei ihrer Ablehnung. Gerhard wurde also von vielen Seiten beeinflusst, sodass er trotz des Einflusses seiner Eltern Hitler und sein Regime nicht mehr so negativ sah.

Am 28. Februar 1937 wurde Gerhard konfirmiert. Superintendent Heimerdinger erteilte den Konfirmandenunterricht. Der begann damit, dass er sich die Jacke auszog, seine Taschenuhr ablegte und einen Handstand machte. Er war dafür bekannt, dass er im Schwimmbad auf den Dreimeterturm stieg, dort einen Handstand machte, auf den Händen bis zur Kante des Bretts ging und dann ins Wasser sprang, ein Sportsmann.

Zur Konfirmation bekommt man Geschenke, warum eigentlich? Es ist doch nichts weiter, als dass man, anders als durch die Taufe, »eingetragenes« Mitglied der protestantischen Kirchengemeinde geworden ist. Gerhard bekam eine Armbanduhr, eine Brieftasche mit den Initialen von Onkel Alfred und Tante Elsbet Scherping aus Spandau – er war Personalchef der deutschen Lufthansa – und mehrere Geldgeschenke, insgesamt 85 Mark. Dafür kaufte er sich ein Fahrrad der Marke Panther, das in Rathenow hergestellt worden war. Es wurde ihm später in Braunschweig gestohlen. Doch das war nicht weiter schlimm, da er ohnehin nicht lange Freude daran gehabt hätte, weil es die Reifengröße 26,5 hatte, für die man keine Mäntel mehr kaufen konnte, denn es gab nur noch die Größen 26 oder 28 Zoll.

Ehlert hat gerade viel Zeit, nachzudenken, und die Erinnerung an seine Kindheit und Jugend hält ihn innerlich warm. Immer weiter geht es in diesen Tagen nach Osten. Der Zug hält an vielen kleinen und größeren Bahnhöfen. Am Ende der Reise steht der Anfang einer neuen, viel längeren und brutaleren: die Gefangenschaft in den Lagern der Roten Armee. Doch zunächst meint es der Himmel gut mit den beiden.

V. Schlaraffenland

Schwer rollen die Waggons über die russischen Breitspurgleise. Der Rauch der Lokomotive flattert nach hinten über sie hinweg. Kilometer für Kilometer geht es ins Reich von Josef Stalin, tiefer, immer tiefer. Einmal am Tag werden die deutschen Gefangenen mit dem Nötigsten versorgt. Noch gibt es Brot und Wasser, noch hält der Zug ab und an, und die wenigen Wachmannschaften öffnen die Türen und lassen frische, kühle Herbstluft herein. Ihre Notdurft verrichten die Gefangenen während der Fahrt durch ein Loch im Boden des Wagens.

Sie kommen nur langsam voran. Denn immer wieder muss ihr Zug ausweichen, wenn ihnen ein Truppentransport oder ein Güterzug in Richtung Front entgegenkommt. Die kämpfende Rote Armee hat Vorrang vor der Wehrmacht, die in Gefangenschaft rollt. So dauert es Tage, bis sie ihr erstes Ziel erreichen, Lager 27, Krasnogorsk, westlich von Moskau gelegen. Irgendwie scheint man die deutschen Gefangenen, Ehlert und Burr sind mittlerweile Teil einer größeren Gruppe von 30, 40 Mann, hier nicht erwartet zu haben. Der Lagerkommandant kann mit den Neuankömmlingen nichts anfangen. Nein, er will mit ihnen nichts anfangen, denn sein Lager ist seit Stalingrad überfüllt. Die deutschen Flieger kommen zunächst in Quarantäne und machen zum ersten Mal Bekanntschaft mit den Umerziehungsmaßnahmen der Russen. Noch handelt es sich um klägliche, bisweilen sogar erheiternde Versuche. Eine der ersten jener langatmigen Reden, die sich in allen russischen Gefangenenlagern immer wieder wiederholen werden, hören Ehlert und Burr hier in Krasnogorsk. Gehalten wird sie von einem deutschen Offizier in schwarzer Panzeruniform, General Martin Lattmann. Einige seiner Männer trauen ihren Augen und Ohren nicht. Der ehemals überzeugte Nazi mit Parteibuch, der als Generalmajor am 2. Februar 1943 eigenmächtig die Übergabe des Nordkessels von Stalingrad an die Rote Armee befahl, ist hier in Kranogarsk als einer der Ersten zu den Kommunisten übergelaufen und predigt den Männern von der Schlechtigkeit Deutschlands und der Hitlerdiktatur.

»Herr General, das hat sich auf der Artillerieschule Jüterbog, wo Sie als Oberstleutnant mein Ausbilder waren, aber ganz anders angehört«, spottet einer seiner Panzersoldaten und erntet dafür johlenden Applaus.

Lattmann schämt sich so, hier auf einen seiner Rekruten getroffen zu sein, dass er einen roten Kopf bekommt und zu stottern beginnt. Ehlert ist das egal. Er hört nicht mehr hin, durchlebt die nächsten Tage in dem völlig überfüllten Lager wie in Trance. Er und Burr verlieren sich immer wieder aus den Augen und finden sich dann doch in der Masse wieder. Irgendwie sind sie mittlerweile zu einer Art Schicksalsgemeinschaft verwachsen. Und doch bleiben beide weiterhin förmlich, fast ein bisschen distanziert. Niemals würde der junge Leutnant seinem Feldwebel das Du anbieten. Jovialität hat Ehlert als Zivilist nicht gemocht und als Soldat schon gleich gar nicht.

In der Baracke, in der Ehlert auf seiner Pritsche ausharrt, ist er ein begehrter Ansprechpartner. Mit Piloten verbinden die meisten Soldaten Flugzeuge, mit Flugzeugen beste Fluchtmöglichkeiten. Und so reden ein deutscher Stabsarzt und ein Funker mit Engelszungen auf den jungen Flieger ein, mit ihnen die Flucht zu einem Flugplatz bei Moskau zu wagen. Alle drei beginnen Brot zu horten. Schließlich will man auf der Flucht nicht hungern.

Doch Ehlert wird die Sache nach ein paar Tagen zu heiß. Wieder setzt sich sein gesunder Menschenverstand durch, und er kann die Heißsporne schließlich von der Aussichtslosigkeit ihres Planes überzeugen.

»Angenommen, uns gelingt die Flucht, wir schleichen uns an einen Flugplatz heran, suchen uns eine zweimotorige Maschine aus, die gerade aufgetankt wurde. Wir kommen auch irgendwie in die Maschine. Und dann? Dann sitze ich da, muss wissen, wo der Hauptschalter ist, der die ganze Elektrik in Gang setzt. Selbst wenn ich den finde, wer soll uns die Motoren anlassen? Dazu braucht's zumindest bei der Luftwaffe einen Batteriewagen, der den Strom zum Anlassen liefert. Bei den Russen wird das nicht viel anders sein. Ganz ehrlich, der Plan ist chancenlos.«

Ehlert schüttelt den Kopf, die beiden anderen Draufgänger lassen ihren hängen. Einen weiteren Fluchtplan hier in Krasnogorsk wird es nicht geben. Am nächsten Morgen wird Ehlerts und Burrs Gruppe verlegt. Es geht per Lkw nach Kasan an der Wolga, gut 500 Kilometer östlich von Moskau gelegen. Den mächtigen Fluss, den Strom des Schicksals, an dem die deutsche 6. Armee im Winter 1942/43 bei Stalingrad zerschellt ist, sehen sie erstmals vom erhöhten Ostufer aus. Die Wasserfläche gleicht einem gewaltigen See. Hier oben ist die Wolga viel breiter als 1000 Kilometer südlich bei Stalingrad.

Es sind atemberaubende Bilder, die der mächtige Strom den Männern ins Gehirn brennt. Und dann müssen die beiden deutschen Piloten und ihre Mitgefangenen beinahe lachen, als die drei Lkw im Hafen haltmachen. Vor ihnen liegt ein alter Dampfer, der ihnen als nächstes Gefährt dienen wird.

»Fast wie auf 'ner Urlaubsreise«, feixt Burr, und Ehlert lässt sich zu einem breiten Grinsen hinreißen.

Von Kasan geht es zunächst die Wolga abwärts bis in die Einmündung der Kama, und diesen Fluss dampft der alte Kahn aufwärts zu einem Ort, der für lange Zeit ihr Gefängnis sein wird: Jelabuga

Die kleine Bischofsstadt liegt 960 Kilometer östlich von Moskau. Im Herbst 1944 schmücken rote Spruchbänder die niedrigen weißen Häuser. Das ehemalige Kloster, von italienischen Architekten im 18. Jahrhundert erbaut, dient als Kriegsgefangenenlager. Seit der Revolution fehlt dem Ensemble allerdings jeder Schmuck. Den haben die Kommunisten fein säuberlich entfernt. Zwischen den beiden Kirchen am Hochufer des Flusses befinden sich zentrale Verwaltungsorgane des NKWD. Das ist die Abkürzung für *Narodny kommissariat wnutrennich del*, das russische Innenministerium mit seinem gesamten geheimen Polizeiapparat, der nicht nur von den deutschen Gefangenen in Russland an allen Orten und zu allen Zeiten gefürchtet ist. Natürlich gibt es diesen Apparat auch in Jelabuga.

Der Dampfer mit den deutschen Kriegsgefangenen legt an einem rostigen Steg an. Missmutig und fast ein wenig ungeduldig stapfen Ehlert und Burr zusammen mit den anderen den Berg hinauf in die Stadt und dann hinein in das Kloster. In einem Nebenhof, in dem die kleine deutsche Gruppe, darunter die beiden Flieger, an dem sonnigen Morgen ersten Halt macht, erinnern Einschusslöcher an den Wänden an die Ermordung zaristischer Kadetten.

Ehlert fallen beim Blick durch offene Fenster nackte, abgemagerte Männer auf. Sie werfen lange Schatten bei der Morgenwäsche. Viele sind bei irgendeiner Arbeit, auf dem Marsch irgendwohin oder beim Bettenbau. Es herrscht Geschäftigkeit, aber keine Hektik. Das beruhigt Ehlert fürs erste. Zusammen mit den anderen Neuankömmlingen gibt es zunächst die übliche »Vogelschau«. Sie müssen Jacken, Westen, Hemden und Unterhemden ausziehen und die Arme senkrecht von sich wegstrecken. »Die Flügel hoch«, murrt einer der Gefangenen, die mit Ehlert und Burr im Nebenhof des Klosters in Jelabuga stehen, belustigt und genervt zugleich. Die Russen suchen unter den Oberarmen nahe der Achselhöhlen nach eintätowierten Kennziffern. Denn allen Männern der Waffen-SS wurde dort ihre Blutgruppe eintätowiert. Mit der »Vogelschau« werden die verhassten SS-Soldaten vom Rest der Truppe aussortiert.

Nachdem die kleine Gruppe an Gefangenen diese Untersuchung in den vorangegangenen Tagen schon mehrmals über sich hat ergehen lassen müssen, sind sich alle sicher, dass keiner unter ihnen durchs Raster fällt. Dann geht es weiter in den nächsten Nebenhof. Dort werden den Gefangenen die Haare abrasiert. Auf dem Kopf übernimmt das ein Frisör. Für einiges Murren sorgt dann aber die Tatsache, dass sich die Männer komplett entkleiden müssen – und das vor den Augen russischer Frauen. Die stehen mit Scheren bereit und schneiden den Deutschen die Schamhaare ab.

Und dann beginnt der Lageralltag in Jelabuga, an den sich Burr und Ehlert erst gewöhnen müssen, und sie erkennen, welches Glück sie bis dahin hatten. Zu den ersten Mitgefangenen, zu denen sie Kontakt aufnehmen, gehört ein Zahlmeister. Er ist »Stalingrader«. Unter allen deutschen Kriegsgefangenen ist das lange Zeit etwas Besonderes. Die Stalingrader umweht ein Hauch von Heldentum und Aufopferung. Der Zahlmeister erzählt den beiden Fliegern vom Untergang der 6. Armee in der Stadt an der Wolga. Die Infanterieoffiziere hätten während der Schlacht um die Stadt in ihren sicheren Bunkern gesessen, und die Nachschub- und Zahlmeister hätten ihnen durch den Stahlregen der russischen Artillerie die Verpflegung bringen müssen.

Ehlert und Burr hören ergriffen zu, sagen aber nichts. Nur wenige Tage später wissen sie, dass ihr Schweigen richtig war. Sie erfahren von anderen Stalingradern, dass kaum ein Infanterieoffizier die Kesselschlacht überlebt hat – dafür aber überdurchschnittlich viele Zahlmeister, Ärzte und Pastoren.

Bei den nächsten Geschichten sind die beiden Neuen im Gefangenenlager schon vorsichtiger. Und doch hören alle gebannt zu, wenn die Stalingrader von ihrer Gefangennahme erzählen: wie die Russen sie nach der Kapitulation bei eisiger Februarkälte aus den Kellern trieben, wie man sie in langen Kolonnen in Marsch setzte, wie die Ersten links und rechts des Weges vor Schwäche liegen blieben.

»Anfangs war der Russe noch gnädig und hat die Männer mit einem Genickschuss von ihren Leiden erlöst. Als es dann immer mehr wurden am Straßenrand, haben sie die, die zurückblieben, einfach erfrieren lassen«, weiß ein Stalingrader Oberleutnant zu berichten, dem man hier, eineinhalb Jahren nach seiner Gefangennahme, immer noch die Strapazen dieser ersten Wochen seiner Gefangenschaft und der Wintermärsche in die Lager im Osten ansieht. Er sieht aus, als habe er das Alter eines Oberstleutnants. Obwohl er vielleicht gerade Anfang dreißig ist, sind seine Haare grau, sein Gesicht fahl, und um die Augen spielt eine Verzweiflung, die ihn nicht mehr lächeln lässt. Nie mehr lächeln lassen wird.

»Sie haben uns ohne Versorgung, ohne Verpflegung, ohne sanitäre Versorgung wochenlang durch den Schnee gejagt. Was wir nie vergessen werden, ist diese elende Kälte. Nachts haben wir uns zu Kreisen zusammengerollt. Die, die in der Mitte lagen, kamen einigermaßen durch die Nacht. Die, die außen lagen, waren morgens erfroren. Wir haben sie wie einen stummen Ring zurückgelassen, als man uns weitergetrieben hat.«

Schweigend und betroffen nehmen die Flieger die Erzählungen auf und können kaum fassen, wie einfach und problemlos dagegen ihre Gefangennahme war. Für diesen Gedanken entschuldigt sich Ehlert sofort bei den toten und, wie er glaubt, vermissten Männern aus seiner Maschine.

Die nächsten Tage trennen sich die Wege von Ehlert und Burr. Der Pilot verliert seinen Bordschützen mehr und mehr aus den Augen. In Jelabuga herrscht strenge Trennung zwischen Mannschaften, Unteroffizieren und den Offizieren, die den Großteil der Gefangenen ausmachen. Das alte Kloster wird nach und nach ein reines Offizierslager. Ein bisschen wehmütig nimmt Ehlert die Trennung von seinem Kameraden aus der Do 217 auf. Wie oft hätte sie das Schicksal schon trennen können, wie oft eine russische Kugel, wie oft ein dummer Zufall. Alles, alles haben sie bisher gemeinsam überstanden. Und jetzt werden sie auseinandergerissen, nur weil ihre Dienstgrade zu unterschiedlich sind. Wenigstens ist er am Leben, denkt sich Ehlert. Vielleicht ist er doch ein ganz guter Kerl, der alte Klugscheißer, grinst Burr in sich hinein und seufzt dann leise, so, dass es niemand hören kann.

In den Tagen, in denen sich die beiden deutschen Flieger, so gut es eben geht, in ihrem Kriegsgefangenlager eingewöhnen, sterben täglich Tausende Soldaten an der Ostfront. Es ist Herbst 1944. Die russische Großoffensive, deren Vorbereitung die Fernaufklärer vor ihrem Abschuss an Tausenden von Geschützen und Panzern ablesen konnten, ist in vollem Gange. Die deutsche Südfront ist zusammengebrochen, und die Rote Armee hält auf Ungarn und Rumänien zu.

Die Russen haben mittlerweile ziemlich viel Übung in der Verwaltung ihres Sieges. Sie erwarten in diesen Tagen viele neue Gefangene, auch in Jelabuga. Deshalb wird im Klosterlager jetzt Platz geschaffen. Und so wird Ehlert Anfang Oktober in das Hauptlager, das sogenannte Kamalager, verlegt: ein weiteres Kloster mit drei Kirchen. Der deutsche Pilot bekommt zunächst eine Pritsche in der Aula, in der mehrere Dutzend Gefangene untergebracht sind. Ihm gegenüber liegt Ernst Mietzner, ein Waffenoffizier aus Gegensee. Gegensee ist ein Dorf 18 Kilometer östlich von Meiersberg. Die Welt ist klein, auch mitten in Russland. Die beiden freunden sich ein wenig an – so, dass Mietzner für Ehlert, der einen primitiven Holzlöffel sein Eigen nennt, schließlich einen

Metalllöffel bastelt. Waffenoffiziere haben ein Geschick für Metall und feine Arbeiten.

Und Ehlert findet noch mehr Kameraden, denen er sich in den ersten Tagen verbunden fühlt. Er hört, dass sein Klassenkamerad Wolfgang Scheller in Jelabuga ist. Und er hört vom Sohn seines Klassenlehrers Dr. Wüster. Wigand Wüster ist es dann auch, den er tatsächlich trifft. Vom ersten Tag an verbindet die beiden Männer eine enge Freundschaft. Wüster hat leider als Erstes eine traurige Nachricht für Ehlert im Gepäck. Wolfgang Scheller, der in Wüsters Einheit war, ist in Stalingrad gefallen, elend verblutet an einer kleinen Schussverletzung, die eine Arterie im Unterbauch angekratzt hat.

Ehlert schwankt die nächsten Tage zwischen Niedergeschlagenheit und Euphorie. Wie lange wird man ihn und die Kameraden hier festhalten. Bis zum Kriegsende? Bis in alle Ewigkeit? Wieder spürt er diese Hilflosigkeit, dieses Ausgeliefertsein, ohne zu wissen, was die Zukunft bringt. Wieder vermisst er unendlich die Heimat und vor allem seine Riele, die immer noch nicht weiß, was mit ihm passiert ist. Ehlert und seine Bordmannschaft gelten als vermisst, so viel ist in den letzten Wochen schon in der Heimat angekommen. Die Ungewissheit martert die junge Frau zu Hause, obwohl sie eigentlich ganz beruhigt sein könnte. Denn ihr Geliebter ist in diesem Augenblick in diesem Kloster in Jelabuga sicher besser aufgehoben als an irgendeinem Abschnitt der Ostfront, in irgendeinem Flugzeug über Russland. Sie weiß es nur nicht.

Dafür ahnt Ehlert sein Glück. Die nächsten Tage über geht er auf die Suche nach bekannten Gesichtern. Nach kurzer Zeit kümmern sich schon mehrere Gruppen um ihn. So gibt es in Jelabuga acht Gefangene, die aus Göttingen stammen. Göttingen, eine der vielen Stationen der Soldatenfamilie Ehlert. Gerhards Vater wurde 1937 dorthin versetzt, denn sein Reiterregiment 3, seit mehreren Jahrhunderten mit der Mark Brandenburg verbunden, sollte nach Göttingen verlegt werden.

Der junge Pilot hat in den ersten Tagen in Jelabuga viel Zeit, sich an die beiden Jahre in Göttingen zu erinnern und sich mit den Göttinger Mitgefangenen auszutauschen. Er weiß noch gut, welch erhebliche Umstellung der Umzug nach Göttingen für die ganze Familie bedeutete. Die Dienstzeit seines Vaters endete nach zwölf Jahren am 30. September 1937, ganze zehn Tage nach dem Umzug nach Göttingen. Eine neue Stellung musste her.

Zu jener Zeit wurden für die neue Kaserne vier Kantinen gebaut, je zwei für eine Abteilung. Für die Stelle der Kantinenpächter gab es eine Unzahl an Bewerbungen. Der Kommandeur hatte zu entscheiden und konnte frei wählen. Er entschied sich für seinen langjährigen Fahrer, einen Mann namens Rosenmüller, und für Ehlerts Vater, den ehemaligen Korpsführer des Trompeterkorps.

Ehlerts Mutter war Feuer und Flamme und beschwor ihren Mann, das Angebot anzunehmen und ja keinen Rückzug anzutreten, weil er sich vielleicht der Sache nicht gewachsen fühlte. Sie sah darin die ganz große Chance, viel Geld zu verdienen. Also beschloss der Vater, die Stelle anzunehmen. Die Mutter war mit Gedanken und Zukunftsplänen ganz schnell dabei, aber nicht in der Lage, die bürokratischen Hürden zu überwinden. Nachdem der Betrieb ein Jahr lang gelaufen war, war zu erkennen, dass Ehlerts Kantine hervorragend lief, während Rosenmüllers Betrieb eher wackelte. Der Konkurrent gab dann auch bald auf.

Wieder stellte sich heraus, dass Ehlerts Vater die Gabe hatte, sich in ein ihm fremdes Gebiet schnell und erfolgreich einzuarbeiten. Nach dem Essen stürmten die Soldaten den Tresen der Kantine, der direkt am Speisesaal lag, und bestellten Bier und Kuchen. Im Sortiment waren auch Zigaretten, Bleistifte, Briefpapier, Schuhbürsten, Füllhalter, Säbel, Schürzen für die Putz- und Flickstunde, Gewehrfett und Hunderte andere Dinge mehr.

Ehlert muss schmunzeln, als er auf seiner Pritsche in der Aula des Klosters an die Decke starrt und an die Kantine seines Vaters denkt. Man konnte Kaffee und Kuchen bestellen, auch Bratkartoffeln und Spiegeleier. In geselliger Runde wurden sogenannte Stiefeltrinken abgehalten, wobei es sich bei dem Stiefel um ein Zwei-Liter-Glas in Stiefelform handelte.

Der Zapfenstreich wurde in der Göttinger Kaserne streng eingehalten, dafür sorgte auch der UvD, der Unteroffizier vom Dienst, eine absolute Respektsperson. Es ging alles sehr gesittet vonstatten. Die Familie des Kantinenwirtes hatten sogar ein eigenes Telefon. Ehlert erinnert sich auch jetzt, sieben Jahre nach seiner Göttinger Zeit, noch an die Nummer: 2647. Nach dem Zapfenstreich wurde das Telefon von den Kantine nach oben in die Privatwohnung umgestellt.

Die Familie hatte damals angesichts der guten wirtschaftlichen Lage ein großes Radio gekauft. Eines Abends hörte Sohn Gerhard, gerade 15 Jahre alt geworden, die Tannhäuser-Ouvertüre von Richard Wagner. Er war sofort ungeheuer beeindruckt. Damit begann für ihn der Einstieg in eine andere Musikwelt. Abends holte er sich das Radio auf den Nachttisch und suchte im Programmheft nach Sendungen mit Wagnermusik. Außerdem kaufte er sich Reclam-Hefte mit den Texten aller Musikdramen. Bald darauf entdeckte er die Musik Tschaikowskys und war fasziniert. So begann er sich mehr und mehr in die Musik der Romantik hineinzuhören.

Die Mutter hingegen verbrachte einen großen Teil des Tages lesend im Sessel. Sie arbeitete in der Kantine nur zeitweise mit, da die meiste Arbeit von Angestellten geleistet wurde. Vier von ihnen kamen aus Meiersberg. Die etwas abgeschiedene Lage der Wohnung gestattete es Ehlerts Mutter, regelmäßig den »Feindsender« BBC aus London zu hören, was zu Kriegsbeginn bei schwerer Strafe verboten wurde. Ohne denunzierende Nachbarn zu fürchten, lauschte Mutter Ehlert Abend für Abend den Nachrichten der Engländer. Außerdem unterhielt sie sich gerne und oft mit Soldaten, die gerade von der Front kamen. Sie fragte in unverfänglicher Art, aber doch gezielt nach und filterte das heraus, was sie hören wollte, nämlich die wirkliche Lage. Im Familienkreis bezeichnete Ehlerts Mutter Hitler immer nur als »den Teufel in Menschengestalt«, und sie beharrte auch auf ihrer Meinung, als der »Größte Feldherr aller Zeiten« nach dem Sieg der Wehrmacht über Frankreich auf dem Höhepunkt seiner Popularität stand. Für Ehlerts Vater war Hitler hingegen nur der »böhmische Gefreite«, über den er stets in abfälligem Ton sprach.

Ehlerts Zimmer lag als Einziges in Richtung des Waldes, wo in 200 Meter Entfernung ein Ausflugslokal, der Kaiser-Wilhelm-Park, stand. Von dort hörte er die

Unterhaltungs- und Tanzmusik, die ihm jetzt auf seiner Pritsche wehmütig in den Ohren klingt. Als er weiter an Göttingen zurückdenkt, fallen ihm als Erstes die Hügel und kleinen Berge ein. Der höchste in der Nähe war der Hohe Hagen mit 508 Metern und im Süden der 33 Kilometer entfernte Hohe Meißner mit 754 Metern. Er mochte diese Hügellandschaft nicht besonders. Die Berge versperrten ihm, dem Sohn aus dem flachen Meiersberg an der Ostsee, die Sicht. Und auch die Stadt selbst machte auf den jungen Gerhard Ehlert keinen besonders guten Eindruck. Enge Straßen, ein kleiner Marktplatz und, ganz schlimm, hässliche Kirchen. Ehlert war gewöhnt an die großen Backsteinkirchen Norddeutschlands mit ihren hohen, schlanken Türmen und den schmalen, bunten Fenstern. Doch wie gern würde er sich jetzt die hässlichen Kirchen Göttingens ansehen, anstatt hier in diesem abgelegenen Kloster mitten in Russland an die Decke starren zu müssen.

In Sachen Schulwechsel hatte Gerhard Ehlert zu dieser Zeit schon einige Übung. Jedes Mal, wenn ein neuer Lehrer in die Klasse kam, meldete er sich, stand auf und sagte den Standardsatz: »Ich bin neu dazugekommen.« Die Schule, die Ehlert in Göttingen besuchte, hieß Kaiser-Wilhelm II.-Oberrealschule und wurde bald darauf zur »Oberschule für Jungen« umbenannt, denn die Monarchie und insbesondere Kaiser Wilhelm waren im Nazireich nicht mehr gern gesehen.

Die Anforderungen der Schule waren hoch, und neue Schüler pflegten sich in allen Fächern um eine Notenstufe zu verschlechtern. Die Qualität des Unterrichts war in Göttingen einfach zu erreichen, denn die Universität lieferte reichlich Lehrernachwuchs, viele Absolventen mochten die Stadt und wollten gern dort bleiben. Bei Neueinstellungen hatte das Schulamt also freie Auswahl unter den Besten.

Mit 16 Jahren konnte man vor dem Zweiten Weltkrieg den Führerschein für Motorfahrräder machen. Also ging Ehlert ein paar Tage nach diesem Geburtstag zu einem Polizisten, den er kennengelernt hatte, und bekam nach ein paar richtig beantworteten Fragen prompt den Führerschein. Sparsam, wie Gerhards Vater war, kaufte er für den Sohn eine NSU-Quick mit einem 98 ccm-Motor, die 290 Mark kostete, also ein eher langsames Modell, mit dem er im Sommer 1939 eine Fahrt nach Köln, den Rhein und ein Stück die Mosel entlang, Frankfurt, Heidelberg, Bamberg, Coburg, Würzburg und in den Thüringer Wald unternahm. Gerhard Ehlert ahnte nicht, dass es die letzte Fahrt im Frieden war. Am 1. September 1939 begann der Krieg, und es gab für private Mopeds kein Benzin mehr.

Ehlerts Eltern fuhren zu dieser Zeit einen Opel Super 6 mit einem 2,5-Liter-Motor und 55 PS. Der stattliche Sechszylinder brachte es auf eine Höchstgeschwindigkeit von 130 Stundenkilometern. Die Familie hatte das Auto nur etwas über ein Jahr, dann musste es an die Wehrmacht abgegeben werden. Es blieb in der Göttinger Kaserne. Ein paar Tage später kamen Soldaten in die Kantine und sagten feixend zu Ehlerts Vater: »Wollen Sie mal Ihr Auto sehen?«

Da stand der ehemals blitzblanke weiße Wagen und war kaum wiederzuerkennen. Denn man hatte ihm einen Tarnanstrich verpasst.

Gerhard begann sich zu dieser Zeit für die Hitlerjugend zu interessieren. Dort wurde viel geboten. Man konnte sich aussuchen, was einem gefiel: Motorradfahren, Segelfliegen, Rudern, Modellbau, Funkwesen, Schauspielgruppe, Fanfarenzug, Spielmannszug, Streichorchester. Sein Dienst für die drei Jahre bis zur Soldatenzeit galt der Musik. Jeden Dienstagabend traf man sich im Musiksaal der Schule, um mit dem HJ-Bann-Orchester zu musizieren. Hier trafen sich die älteren Jahrgänge aus den Schulorchestern der drei Gymnasien, aus Ehlerts Schule, dem humanistischen Gymnasium und dem Lyzeum. Leiter war der Musiklehrer, ein riesiger, spindeldünner Mensch namens Rehkopf, der in HJ-Uniform auftrat.

Ehlert muss beinahe lachen, als er an seinen Musiklehrer mit dem seltsamen Namen denkt. Und weil er gerade dabei ist, über seine Jugend zu sinnieren, erzählt er dem Nachbarn auf der Pritsche im Kloster Jelabuga jetzt von seinen sportlichen Erfolgen. Bei Gebietssportwettkämpfen in Hannover war er zweimal, 1939 und 1940, Gebietsmeister von Niedersachsen im Wehrsport, einer paramilitärischen Ausbildung, die sich die Nazis für ihren Soldatennachwuchs ausgedacht hatten. Es handelte sich um einen Vierkampf: 25 Kilometer auf Zeit marschieren, nach 15 Kilometern mit dem Kleinkalibergewehr fünf Schüsse auf eine Klappe in 25 Metern Entfernung, nach dem Schießen sofort ein 200-Meter-Hindernislauf.

»Mörderisch«, entfährt es Ehlert auf seiner Pritsche.

Am Ende des Wettbewerbs stand dann der Keulenweitwurf. Natürlich, das wusste Ehlert vom ersten Tag an, galt das alles militärischen Zwecken. Die vormilitärische Ausbildung war später im Krieg für die Jugend obligatorisch – für viele vielleicht ein Grund, später eine militärische Karriere anzustreben. Wie klar ist ihm das noch vor einigen Monaten gewesen und mit welcher Überzeugung hatte er seine Fliegerlaufbahn bis hin zum Piloten bei den Nachtfernaufklärern durchgezogen!

Und jetzt? Jetzt war der Krieg verloren, das war so sicher wie das Amen in der Kirche. Er, Ehlert, würde ohnehin darin keine Rolle mehr spielen, das weiß der junge Mann auf seiner Pritsche genau. Und obwohl er eben noch lächelnd an die Decke gestarrt und mit seinem Bettnachbarn heiter Erinnerungen ausgetauscht hat, fällt er gleich wieder in ein tiefes Loch. Wo soll das alles noch hinführen? Was soll nur aus ihm werden? Verdammter Krieg!

Und wieder denkt er an Zuhause. Die acht Göttinger in Jelabuga helfen ihm ebenso dabei wie ein paar Flieger, die mit ihm auf der Kriegsschule waren und jetzt Gefangene sind wie er. Und zu einer dritten Gruppe fühlt er sich in Jelabuga hingezogen: den Kavalleristen aus dem Regiment 3, zu dem sein Vater vor dem Krieg gehört hat und die zu einem Teil der 24. Panzerdivision geworden ist. Aus Tradition trugen die Männer die schwarze Panzeruniform mit goldgelber Paspelierung – sie stand für die gute, alte Kavallerie.

Durch Männer aller drei Gruppen, die sich um den jungen Piloten kümmern, wird Ehlert in diesen ersten Tagen in die wichtigen Dinge des Lagerlebens eingeweiht. Da gibt es zum Beispiel das »Nationalkomitee Freies Deutschland«, eine Organisation, die die Russen 1943, nach ihrem Sieg in Stalingrad, ins Leben gerufen hatten. Der Emigrant Walter Ulbricht ist von den Sowjets beauftragt worden, in Kriegsgefangenenlagern dafür zu werben. Für die gefangenen Offiziere wurde eine Unterorganisation gegründet, die sich »Bund Deutscher Offiziere« (BDO) nannte. Beiden Organisationen war gemeinsam, dass sich ihre Mitglieder von Nazi-Deutschland losgesagt hatten und dafür viele Vergünstigungen bekamen. Für die anderen Gefangenen in Jelabuga wie in allen anderen Lagern sind sie nichts als hundsgemeine Vaterlandsverräter, die jetzt, da sie sich in den Händen der Russen befinden, ihr Fähnlein nach dem Wind hängen.

»Oportunisten!«, schimpfen die, die sich weigern, dem Nationalkomitee beizutreten.

Äußerlich sind die beiden verfeindeten Gruppen im Lager leicht auseinanderzuhalten. Wer nicht beitritt, behält sein Hoheitsabzeichen mit Adler und Hakenkreuz auf der Uniformjacke. Die Mitglieder tragen anstelle des Nazi-Hoheitsabzeichens drei Streifen aus Stoff in den Farben des Kaiserreichs Schwarz-Weiß-Rot. Das haben die Russen ebenso eingeführt wie die Wochenzeitung »Freies Deutschland«, die es für die Mitglieder des Nationalkomitees gibt und die mit diesen Farben umrandet ist.

Gleich am ersten Tag merkt Ehlert, wie verfeindet sich die beiden Gruppen gegenüberstehen. Man gratuliert sich nicht mehr zum Geburtstag, man gibt sich nicht einmal mehr Feuer für eine Zigarette. Um eine der begehrten Stellen in der Küche, der Bäckerei, der Wäscherei oder beim Kartoffelschälkommando zu bekommen, muss man im Nationalkomitee oder im BDO sein. Wie gerne würde Ehlert im Lagerorchester mitspielen. Doch dazu müsste er seine Kameraden verraten, und das kommt für den Fliegerleutnant nicht infrage – jedenfalls noch nicht.

In Jelabuga wird in diesen Tagen eine Abordnung des internationalen Roten Kreuzes erwartet, um das Offizierslager zu inspizieren. Ehlert lernt bei dieser Gelegenheit zum ersten Mal den Unterschied zwischen russischer und deutscher Mentalität kennen. Die deutschen Offiziere nehmen ihre Mahlzeiten in einem schönen Gewölbekeller ein. Dessen Stirnseite zieren Szenen aus deutschen Märchen, die an die Wand gemalt sind. Da die russische Lagerleitung befürchtet, das Rote Kreuz könne die Qualität der Essschüsseln beanstanden, soll die Lager-Schlosserei neue Blechschüsseln herstellen. Aber woher das Blech nehmen? Da zeigen sich die Russen findig. Nachdem es die letzten Tage nicht geregnet hat, wird kurzerhand das Zinkblech vom Klosterdach abgenommen. Jetzt können die deutschen Gefangenen ihre dünne Suppe aus neuen Blechschüsseln löffeln, was ihnen insofern nicht besonders viel hilft, da die Verpflegung lange Zeit ein Problem bleibt. Meist gibt es nur Wasser und Brot.

Die Wochen ziehen ins Land, und der erste russische Winter in Gefangenschaft steht den deutschen Offizieren in Jelabuga bevor. Noch ahnen sie allesamt nicht, welch großes Glück es bedeutet, diese Zeit dort zu verbringen. Viele von ihnen, darunter auch Gerhard Ehlert, werden noch unter ganz anderen Bedingungen dafür büßen müssen, für Hitlers Nazi-Deutschland in den Krieg gezogen zu sein.

Es ist Anfang Dezember 1944, als Ehlert zum ersten Mal richtig spürt, was Ausgeliefertsein bedeutet. Nach internationalem Recht dürfen Offiziere in Gefangenschaft nicht zur Arbeit gezwungen werden. Bisher haben sich die Russen daran gehalten. Langweilig wird es trotzdem nicht. Wer nicht dem BDO angehört, ist zwar von vielen Angeboten im Lager ausgeschlossen, denn nur die Mitglieder des Nationalkomitees dürfen beispielsweise Russisch lernen, immerhin aber gibt es für alle Gefangenen eine Art Vorlesungsprogramm in Latein, Englisch, Französisch, Mathematik, Geschichte und eine deutsche Bibliothek. Ehlert wird nie wieder in seinem Leben die drei Fremdsprachen, die in der Schule hatte, so gut beherrschen wie hier in Jelabuga. Den ganzen Herbst über hat er sich beinahe wohl gefühlt in diesen ehrwürdigen Klostermauern. Der umgebende Stacheldraht ist fast vergessen, wäre da nicht die stete Sehnsucht nach daheim.

In dieser Zeit ist Gerhard außerordentlich beschäftigt: Er komponiert ein kleines Musikstück und lernt den ganzen »Cornet« von Rilke auswendig. Rilkes Text wird für den jungen Offizier, wie für viele andere in dieser Zeit, zum Mythos. Dem Exemplar, das Ehlert in der Bibliothek findet, liegen ein getrocknetes Rosenblatt und die Worte einer Liebenden an ihren an die Front abberufenen Geliebten bei. Was im »Cornet« beschrieben wird, ist so auch außerhalb des Buches spürbar, die Identifikation ist perfekt. Und anstatt mit seiner realen Geliebten hält Ehlert nun zärtliche Zwiesprache mit den Buchstaben und spürt nicht den geringsten Mangel in diesen Tagen seiner Gefangenschaft. Inspiriert von Rilke schreibt der junge Pilot zwei Gedichtbände und arbeitet sich tief in die Musiktheorie ein.

Dann kommt die Adventszeit 1944. Die »Kleine Nachtmusik« von Mozart kommt zur Aufführung. Im Lager gibt es so viele Musiker, dass Mozarts Komposition in dreifacher Stärke gespielt wird.

In ähnlicher Stärke präsentiert sich auch ein gutorganisiertes Spitzelsystem. In jeder Stube sitzt mindestens einer, der regelmäßig zur deutschen Lagerleitung geht, um dort über alles und jeden auf der Stube zu berichten. Diese Nachrichten werden dann von der deutschen Lagerleitung an den russischen Politoffizier weitergeleitet. Meist dauert es aber nicht lange, dann ist der Spitzel auf der Stube enttarnt. Wenn er sich auf den Weg zur deutschen Lagerleitung macht, schreien ihm die anderen Gefangenen hinterher: »Na, auch nichts Wichtiges vergessen?«

Immer wieder kommt es vor, dass kleine Brotmengen gestohlen werden. Die Schuldigen sind schnell ausgemacht. Es sind meist die, die das Brot aus der Brotschneiderei holen. Dort wird das Brot in Portionen von 300 Gramm geschnitten. Wenn es nach dem Abschneiden weniger wiegt, werden kleine Schnipsel mit Holzstäbchen, ähnlich einem Zahnstocher auf dem größeren Brotstück befestigt. Die Ergänzungsstücke aber werden oft während des Holens gegessen. Wer dabei erwischt wird, erhält natürlich eine Strafe. Es finden sich immer Schläger, die die Schuldigen auf den nackten Hintern dreschen. Wiederholungstäter kommen aber nicht mit ein paar roten Striemen auf dem Hintern davon. Der Dieb wird mit vereinten Kräften zum Frisör geschleift, der Kopf kahlgeschoren. Alle Lagerinsassen sehen den Kahlgeschorenen. Er kann sich ja nicht verstecken und ist für die nächste Zeit gebrandmarkt.

Alle Gefangenen tragen zu dieser Zeit noch ihre deutsche Uniform mit Rangabzeichen und allen Auszeichnungen. In Jelabuga sieht man viele Ritterkreuze an den Hälsen baumeln. Doch das wird sich schon bald ändern. Bis dahin haben Ehlert und seine Mitgefangenen aber noch ein ruhige, beinahe beschauliche Zeit. Selbst Weihnachten 1944, an dem man meinen möchte, die Gefangenen würden hier ganz besonders an Heimweh leiden, wird zu einem Fest, das niemand, der dabei war, je vergessen wird. Die große Aula, die man durch drei sehr große Türen betritt, ist mit Tannengrün geschmückt. Nach dem Abendessen geht es für die Gefangenen zum gemeinsamen Gottesdienst in die Aula. Danach begeben sich die Offizieren auf ihre Stuben. In jeder steht ein Weihnachtsbaum. Zwei Ärzte haben monatelang leere Ampullen gesammelt, die jetzt als Kerzen dienen. Sie sind mit Petroleum gefüllt, und in jeder Ampulle steckt ein kleiner Docht. Weihnachtslieder werden gesungen, und der Weihnachtsmann ist mit seinem Geschenkesack unterwegs. Jeder hat für den anderen ein Geschenk parat, die der Weihnachtsmann verteilt. Ehlert bekommt von einem Unbekannten eine Näh- und eine Stopfnadel Marke Eigenbau geschenkt. Es muss Wochen gedauert haben, bis der Nadelhersteller aus einem Draht durch dauerndes Scheuern das Öhr herausgearbeitet hat. Kurz vor Mitternacht singt der 80-Mann-Chor des Lagers Weihnachtslieder, die durch das große Gebäude hallen. Am ersten Weihnachtstag werden die Männer vom Blasorchester des Lagers mit einem »Vom Himmel hoch« geweckt. Tränen fließen.

Doch es gibt auch weniger erbauliche Momente. Anfang Januar 1945 wird Ehlerts 40-Mann-Stube unter Quarantäne gestellt. Es besteht der Verdacht auf Diphterie. Alle Mann werden in einem kleinen Haus nahe des Klosters untergebracht. Einer der Männer ist so schlau und nimmt noch schnell aus der Bibliothek die Odysee von Homer mit. Immerhin dürfen die Gefangenen unter Quarantäne vier Wochen lang das Haus nicht verlassen. Schon am ersten Tag ihrer Isolation organisieren die 40 ein Skat-Turnier. Doppelkopf, Bridge und Schach wird ebenso gespielt. Wenn die Männer abends auf ihren Pritschen liegen, wird eine Ölfunzel angezündet und einer der Gefangenen liest aus der Odysee vor – immer gerade so viel, dass sie am Ende der 40 Tage auf der letzten Seite angekommen sind.

Unvergesslich brennt sich in Ehlerts Gedächtnis die Beschreibung des Sonnaufganges ein: »Und als Eos, die Göttin der Morgenröte, mit Rosenfingern erwachte ...« Es ist, als lägen sie am Strand einer Insel der Ägäis. Und auch nach ihrer Quarantäne bleiben die Männer eng verbunden und setzten ihre Lesungen fort

Doch eines Abends ziehen dunkle Wolken über Jelabuga auf, das, wenn auch nicht für den Bauch, so doch für Ehlerts Kopf bis dahin eine Art Schlaraffenland gewesen ist. Ein russischer Unteroffizier tritt in die Stube und macht unmissverständlich klar, dass Ehlert am nächsten Morgen antreten müsse, um Holz aus dem Wald zu holen. Natürlich findet er sich nicht am vereinbarten Treffpunkt ein – schon aus Trotz. Doch dafür soll er jetzt büßen. Eine halbe Stunde später kommt der russische Soldat, um ihn abzuholen. Ehlert wandert in den Karzer, ein dunkles Loch ohne Ofen und ohne Glas im kleinen Fenster. Nachts hat es jetzt schon minus zwanzig Grad, und Ehlert friert erbärmlich. Immer noch getragen von jugendlicher Naivität verlangt er den russischen Kommandanten zu sprechen und tritt sofort in Hungerstreik. Doch nichts passiert. Erst nach drei Tagen und drei eisigen Nächten kommt er ausgehungert aus dem Loch heraus. Er schwankt zwischen Siegesbewusstsein und einer elenden Stimmung, die Kälte und Hunger in ihm heraufbeschworen haben. Seinen Hungerstreik muss er beenden, ehe er zu schwach wird. In diesen Tagen erhalten Mannschaftsdienstgrade morgens und mittags einen Dreiviertelliter Suppe, mittags 150 Gramm Brei, abends 300 bis 400 Gramm Brei. Im Brei steckt der gleiche Geschmack wie in der Suppe, er ist einfach nur ein bisschen dicker. Zum Zudecken gibt es für die Männer einen Mantel.

Die Offiziere erhalten morgens und mittags einen Dreiviertelliter der Suppe, mittags 150 und abends 300 Gramm Brei, außerdem 300 Gramm Schwarzbrot, 300 Gramm Weißbrot, 30 Gramm Butter und 30 Gramm Zucker. Die Butter und den Zucker gibt es auf die Hand. Außerdem erhalten Offiziere 15 Zigaretten. Zum Zudecken dienen eine Decke und ein Mantel. Dazu gibt es für jeden ein Bettlaken und einen Kopfkissenbezug.

Tatsächlich scheint es für kurze Zeit, als habe sich der deutsche Offizier mit seiner Entschlossenheit, nicht zu arbeiten, durchgesetzt. Es dauert bis April, bis er wieder dazu aufgefordert wird. Die innere Zone des Lagers soll frisch geharkt werden. Die innere Zone, das ist der Bereich zwischen den zwei Zäunen, die das Lager in einem Abstand von zirka drei Metern umgeben. Jetzt, da der meiste Schnee geschmolzen ist, muss sie wieder fein säuberlich geharkt sein. So können die russischen Posten leicht erkennen, ob sich darin jemand bewegt hat. Jeder, der den ersten Zaun überwunden hat, hinterlässt in der inneren Zone seine Fußspuren. Wieder zeigt sich Ehlert widerspenstig, lehnt es ab, die Harke in die Hand zu nehmen. Solange er nur Wasser und Brot erhalte, sei er nicht in der Lage zu arbeiten, gibt er seinen russischen Bewachern zur Antwort.

Der renitente Leutnant landet kurz darauf beim deutschen Lagerleiter, einem Major namens Gottfried Mangold, Ritterkreuzträger aus Bodenwerder an der Weser. Der steht wohlgenährt vor dem jungen Piloten, der zu dieser Zeit keine 50 Kilo mehr wiegt.

»Guter Mann, warum wollen Sie denn nicht arbeiten?«, fragt ihn der Kommandant.

»Sie kennen doch den Stalin-Befehl Nummer 55, deutsche Offiziere müssen nicht arbeiten.«

Daraufhin verdreht der Lagerkommandant die Augen: »Und was soll eigentlich die Bemerkung, bei Wasser und Brot könnten Sie nicht arbeiten? Sie bekommen doch jeden Tag Suppe und Brei.«

»Herr Major, ich weiß, das ist etwas spitzfindig, aber wir bekommen seit zwei Monaten weder Butter noch Zucker, und in der Suppe und im Kascha, also im Brei, ist Roggenmehl. Das ist doch genau dasselbe wie im Brot.«

Der Lagerkommandant merkt schnell, dass ihm hier die Argumente ausgehen, dass er bei Ehlert auf Granit beißt. Und der muss wiederum erkennen, dass der Major am längeren Hebel sitzt. Ein paar Minuten nach dem unerfreulichen Gespräch landet der junge Pilot erneut für mehrere Tage im Karzer.

VI. Verlorene Jahre, verlorener Kompass

Am 8. Mai 1945 herrscht eine besondere Stimmung im Lager. Alles ist aufgeregt, und Gerüchte kursieren. Die Nachrichten am Abend haben von schweren Kämpfen in Berlin gesprochen. Zum Schluss der Sendung wird auf eine Sondermeldung hingewiesen, die in der Nacht kommen soll. An Schlaf ist nicht zu denken. Weit nach 22 Uhr ertönt über den Lautsprecher die russische Nationalhymne. Der Nachrichtensprecher gibt bekannt, dass Deutschland die Kapitulation unterschrieben hat, die russischen Truppen hätten eine großen Sieg errungen, die Waffen würden schweigen, der Krieg sei vorbei.

Mit Tränen in den Augen, stumm vor Erschütterung und Heimweh, aber mit der aufkeimenden Hoffnung auf ein baldiges Ende der Gefangenschaft bleiben die Männer noch lange in dem großen Treppenhaus stehen. Geknickt, gedemütigt und zerschlagen schleichen sie auf ihre Pritschen. Jeder ist in dieser Stunde mit sich selbst beschäftigt. Was wird die Zukunft bringen? Wann geht es nach Hause? Fragen über Fragen, keine Antworten.

Ehlert liegt auf seiner Pritsche und denkt an die Vergangenheit. Warum nur hat er sich so in diesen Krieg, der jetzt endgültig verloren ist, hineinziehen lassen? Wie war das alles gekommen? Nur dunkel erinnert er sich an seine Kindheit. Die vielen berufsbedingten Umzüge des Vaters sind ihm gewärtig. Denn die ständigen Ortswechsel, die ihn oft nur für kurze Zeit in einer Stadt hielten, waren mit vielen Schulwechseln verbunden. Ein Kind konnte da kein Heimatgefühl entwickeln. Zunächst wurde in die erstbeste Wohnung gezogen, dann in die nächste, schließlich in die endgültige.

Wie schnell solche Versetzungen erfolgen konnten, zeigt folgende Geschichte: Ein Kriegskamerad von Gerhards Vaters, Erich Priem aus Eichhof bei Ferdinandshof, hatte das Glück, bei der Reichswehr in Rendsburg zu dienen. Er schrieb dem Vater, eine Stelle im Musikkorps sei frei. Der Vater fuhr hin, stellte sich vor und wurde genommen. 20 andere, die sich auch beworben hatten, gingen leer aus. Diese Stellen waren sehr begehrt, denn man war für zwölf Jahre Beamter und damit unkündbar.

Die Kaserne lag an der Eider. Dort gab es Ebbe und Flut mit einem Tidenhub von 60 Zentimetern. Die Eider lag keine 100 Meter von der Wohnung der Ehlerts entfernt. Bei Ebbe konnte Gerhard weit hinausgehen. In einem Familienwohnblock wohnten die Familien der Unteroffiziere. Es waren viele Kinder zum Spielen da. Vor allem gab es Pferde in den Ställen, und wo Pferde sind, gibt es auch eine Schmiede, Sattlerei und Stellmacherei.

Rendsburg hatte nur eine kleine Kaserne, in der eine Eskadron unter dem Rittmeister Vogel stationiert war. Mit dessen Sohn Harro freundete sich Gerhard schnell an. Bei ihm zu Hause spielten sie mit Bleisoldaten, und Harros freundliche Mutter versorgte die Buben mit Kakao. Rittmeister Vogel war ein begeisterter Amateurfotograf. Er hatte eine 9x12cm-Plattenkamera und eine Dunkelkammer. Fotografiert wurden beispielsweise Kindergeburtstagsfeiern. Einmal mussten Gerhard und sein Bruder im sehr schneereichen Winter 1928/29 mit dem Schlitten herauskommen, denn es sollte eine Aufnahme mit dem vielen Schnee gemacht werden.

Eine besondere Leidenschaft entwickelte Gerhard für Drachen und Flitzbögen. Pfeile wurden aus dem Schilf der Eider gemacht, die Spitzen aus Holunder.

Eine Sensation für die Kinder war ihr Ziegenbockwagen. In allen Kasernen mit Pferden gab es einen Ziegenbock. Vielleicht sollte er, seines starken Geruchs wegen, Krankheiten abwehren. Die Stellmacherei musste einen Wagen bauen, die Sattlerei das Geschirr anfertigen. Wenn die Buben Lust hatten, Ziegenbock zu fahren, gingen sie in den Stall. Die jungen Soldaten fingen dann den Ziegenbock ein, schirrten ihn an, und los ging die Fahrt. Die Buben hatten die ganze Kaserne für sich.

Damals entstand auch eine besondere Aufnahme mit dem Ziegenbock: Vorn im Wagen sitzt Harro, hinten Gerhard und in der Mitte stehend Dieter Zemke, der Sohn des Veterinärs. Im gewissen Sinne war das eine historische Fotografie, denn alle drei wurden Leutnant. Im November 1943 las Ehlert in einer Zeitung, Harro Vogel, Leutnant bei den Panzergrenadieren, sei in Italien gefallen. Mit Dieter Zemke, der auch Pilot bei den Nachtfernaufklärern wurde, machte Gerhard später seinen ersten Feindflug – rein zufällig wurden die beiden Jugendfreunde zusammen eingeteilt.

Bei Rendsburg überspannt eine große Eisenbahnbrücke den Kaiser-Wilhelm-Kanal (heute Nord-Ostsee-Kanal). Mit einer lichten Höhe von 42 Metern sollte sie die Passage großer Kriegsschiffe ermöglichen. Noch heute können dank dieser Planung große Handelsschiffe problemlos die meistbefahrene Wasserstraße der Welt befahren. Außerdem gab es noch eine Drehbrücke, die später abgerissen wurde. In Rendsburg legte auch einmal das Linienschiff »Schleswig-Holstein« an, das noch eine besondere Rolle spielen würde. 1907 gebaut, nahm es am Ersten Weltkrieg teil und gab im Zweiten Weltkrieg die ersten Schüsse ab, als es die Westerplatte in Danzig unter Feuer nahm. Die Sowjets nahmen es als Kriegsbeute.

Sehr eindrucksvoll war für Gerhard das Weihnachtsfest 1926. Er war gerade vier Jahre alt. Alle Familien mit ihren Kindern versammelten sich in einem großen Raum. Dann kam der Weihnachtsmann, ein besonders großer Soldat, mit langem Pelzmantel. Er fuhr mit einem pferdebespannten Schlitten vor und stieg durch das große Fenster. Für Gerhard war er für lange Zeit der einzige wirkliche Weihnachtsmann. Er trug einen Sack mit Geschenken. Jedes Kind hatte ein Gedicht aufzusagen, dann war Bescherung. Gerhard bekam eine kleine $^1/_8$-Geige. Er liebte sie über alles und begann, zunächst spielerisch, auf ihr zu musizieren. 1945 stahlen amerikanische Soldaten die Geige aus dem Kasten der Standuhr.

Ostern 1929 hätte Gerhard eingeschult werden müssen. Er trug sein Haar damals als »Bubikopf«, eine Art Pagenschnitt. Da diese Frisur bei seinen Mitschülern für Spott sorgen würde, ging seine Mutter mit ihm erst zum Fotografen, dann zum Friseur. Dort wurden mehrere Locken abgeschnitten, mitgenommen und mit Wollfäden zusammengebunden, um sie der Verwandtschaft zu schenken. Gerhard bekam, der damaligen Mode folgend, eine Ponyfrisur: Haare nur vorn, hinten kahl. Doch mit der Einschulung in Rendsburg wurde es nichts, denn der Vater bekam einen »Marschbefehl«

nach Stendal, wo er die Stelle eines Korpsführers des Trompeterkorps übernehmen sollte.

Bei der Reiterei gab es den Wachtmeister (sonst Feldwebel), den Rittmeister (Hauptmann) und das Trompeterkorps (Militärkapelle). Diese Kapelle umfasste nur Blechblasinstrumente und zwei Pauken, die von einem besonders großen Pferd getragen wurden. Der Kesselpauker trug Stulpenhandschuhe. Pauken werden für bestimmte Töne gestimmt, während Trommeln nur ein Geräusch abgeben. Bei Militärmusikkapellen gibt es auch Holzbläser: Klarinetten und Flöten. Die Kavalleristen verwendeten dafür den herabwürdigenden Begriff »Piepenmusik«.

Gerhards Vater musste diese neue Aufgabe ohne weitere Vorbereitung bewältigen, musste ohne entsprechende Ausbildung ein Orchester leiten, dirigieren und Proben abhalten. Damit nicht genug, fungierte er auch als Reitlehrer. Trompeter zu Pferde konnten die Zügel nicht in der Hand halten. Diese wurden in Höhe des Koppels befestigt. Die Instrumente mussten seitlich gehalten werden, sonst hätte das Pferd bei einer heftigen Kopfbewegung dem Trompeter die Zähne ausschlagen können.

Militärmusiker waren auch für Hochzeiten oder andere Veranstaltungen begehrt. Telefon hatten nur wenige, man schrieb Karten: Der eine brauchte sechs Mann, ein anderer nur drei. Manchmal musste auch abgesagt werden. Die Musiker kamen um zwei Uhr nachts, bei jedem Wetter, mit Fahrrad und Karbidlampe zurück, das Geld bar in der Tasche.

Durch diesen Nebenverdienst ging es Militärmusikern besser als anderen Soldaten. Ein Unteroffizier mit Familie bezog im Jahr 1935 ein Monatsgehalt von etwa 130 Mark. Nach Abzug der Lebenshaltungskosten blieben für die Anschaffung von Möbeln oder Kleidung etwa 20 Mark übrig. Somit war es ausgeschlossen, dass ein Unteroffizierskind ein Gymnasium besuchen konnte. Denn außer den Ausgaben für Bücher mussten monatlich 20 Mark Schuldgeld bezahlt werden. Ein Militärmusiker aber hatte ziemlich regelmäßig zusätzliche Nebeneinnahmen von rund 120 Mark.

Gerhards Vater hat diese Umstellung problemlos gemeistert, er hatte Führungsqualitäten. Fast jeden Abend verbrachte er am Schreibtisch und schrieb mit seinem dicken Rohrfederhalter mit wasserfester Tinte Noten in kleine Notenbücher, die beim Spielen zu Pferde verwendet wurden.

Am 8. Oktober 1929 heiratete Gerhards Tante Liesbet, Schwester seines Vaters, in Meiersberg den Unteroffizier Emil Reck, gebürtig aus Oberschlesien. Er diente mit seinem Vater als Soldat in Rendsburg. Es wurde im Haus gefeiert und getanzt. Man forderte Gerhard auf, die Geige zu holen, und er spielte »Trink, trink, Brüderlein trink, lasse die Sorgen zu Haus«. Am folgenden Vormittag kam das frisch vermählte Paar in die Wohnstube und setzte sich auf das Sofa, ohne darauf zu achten, dass die Geige darauf lag. Die Geigendecke bekam drei Risse, der Hals zerbrach. Welch ein Schrecken! Erst Weihnachten 1935 bekam Gerhard die reparierte Geige zurück und war überglücklich. Dazu gab es einen sehr schönen Bogen, einen Nachbau der Produkte des französischen Bogenbauers Vuillaume, aus Fernambukholz (das beste Bogenholz) mit 54 Gramm sehr leicht, aber außerordentlich steif, dazu einen eleganten Geigenkasten.

Genau wie in Rendsburg zog die Familie auch in Stendal so lange um, bis die richtige Wohnung gefunden war. Eine besonders unangenehme Arbeit beim Wohnungswechsel war das Anbringen der Gardinenschienen. Denn dazu mussten lange Befestigungshaken in das Wandmauerwerk geschlagen werden. Es mussten Mörtelfugen gesucht werden, denn die Mauersteine waren zu hart. Bohrmaschinen und Dübel waren noch nicht erfunden.

Stendal war in Gerhards Erinnerung eine schöne Stadt. Es gab vier Stadtteile, jeder mit einer schönen Backsteinkirche. Zwei Kirchen, der Dom und die Marienkirche, hatten zwei Türme. Die Kinder lernten in der Heimatkunde, dass die Bürger ihren Stolz darin sahen, die Türme der Marienkirche höher zu bauen als die des Doms. Eine Roland-Statue stand auf dem Marktplatz vor dem Rathaus, dem Vernehmen nach die größte ihrer Art. Die Stadt wurde von einem teilweise erhaltenen Wall umgeben. Zwei gut erhaltene Stadttore waren die Zierde der Stadt, besonders das Ünglinger Tor war eindrucksvoll.

Weihnachtsmarkt war auf dem Marktplatz, auf dem Mönchskirchhof und in der Brüdernstraße, die beide Plätze verbindet. Dort erschien auch der stadtbekannte Gustaf Nagel aus Arendsee, ein sonderbarer Mensch, der als Wanderprediger und Naturheiler wirkte. Er trug ein langes Gewand, ähnlich einem Nachthemd, und Sandalen – so, wie man sich Jesus vorstellt. Vielleicht wollte er das auch bezwecken. Einem Gerücht zufolge sollte er seine Kinder bei der Taufe so lange in sehr kaltes Wasser getaucht haben, dass manche daran gestorben sein sollen.

Ostern 1929 wurde Gerhard schließlich eingeschult. Die Schule lag dicht am Dom und war sehr klein. Der Lehrer, Herr Stubbe, kannte seinen Vater und hatte von ihm erfahren, dass er Geige spielen könne. Dorfschul- und Volksschullehrer spielten üblicherweise Geige. In der ersten Woche wollte Gerhard nicht zur Schule gehen und gab Bauchschmerzen vor.

In dieser Zeit war die Weltwirtschaftskrise auf ihrem Höhepunkt. Die Arbeitslosigkeit war außerordentlich hoch, die Unterstützung minimal, und so herrschte in vielen Familien bittere Armut. Deshalb gab es in dieser Zeit viele Selbstmorde. Es fiel auf, dass diese hauptsächlich mit Gas durchgeführt wurden. Ganze Familien wurden ausgelöscht. In der Nachbarschaft hat ein Familienvater den Gashahn aufgedreht und den Ablauf, solange er konnte, schriftlich geschildert. Bekannt wurde sein Satz: »Hansi (der Kanarienvogel) ist schon tot.«

Auch die Familie des Lehrers Stubbe hat sich 1931 durch Gas das Leben genommen. Seine Schüler wurden auf andere Schulen verteilt. Gerhard kam auf eine große Schule in einem anderen Stadtteil. In Erinnerung blieb ihm noch, dass gleich zu Anfang in einer Rechenstunde ein Schüler gefragt wurde: »Was ist 4 x 6?« Seine Antwort war: »16.« Eine ganze Reihe wurde gefragt, die alle wie hypnotisiert 16 sagten, bis Gerhard drankam und unbeirrt »24« sagte. Er musste daraufhin den Platz wechseln, denn nach der Sitzordnung hatte der Beste ganz hinten zu sitzen, die Schlechteren vorn.

Am Rande der Stadt lagen die Petersburger Wiesen, die immer überschwemmt waren. Im Winter wurde dort Schlittschuh gelaufen, und die Eisfläche war immer sehr voll. Ganze Schulklassen trafen sich. Für die Buben war es eine Art Sport, den Mädchen die Schülermützen wegzunehmen. Am Ende der Eisfläche wurden für Brauereien große Eisblöcke aus dem Eis herausgesägt. Etwas weiter weg lag mit dem Bürgerpark ein weiteres Ausflugsziel. Der Park war hervorragend zum Schlittenfahren geeignet und bot Pisten mit unterschiedlichen Schwierigkeitsgraden bis hin zur »Todesbahn«. Damals wurde viel auf der Straße gespielt, hauptsächlich Handball und Völkerball. Fußball war unbekannt. Die Kleineren spielten Trapper und Indianer. Gerhards Mutter nähte für die Kinder Hosen aus Sackleinen mit Fransen, dazu ein rotes Hemd und ein Hut mit einem ganz bestimmtem Kniff – alles sehr wichtig.

Manchmal trafen sich die Kinder auch an der Bahn, um den Schienenzeppelin zu sehen, ein futuristisch anmutendes Gefährt aus Aluminium und Segeltuch, das von einem Flugzeugmotor mit Propeller angetrieben wurde. Er wurde 1929 erfunden und befuhr seit 1931 hauptsächlich die Strecke Berlin–Hamburg. Mit 230 km/h hielt er 25 Jahre den Weltrekord für Schienenfahrzeuge. Die Kinder legten gern Zündplättchen auf die Schienen, deren Explosion aber bei dem lauten Fahrgeräusch des Schienenzeppelins kaum zu hören war. Gerhard und seine Spielkameraden interessierten auch die Autos mit ihren großen Speichenrädern, die sich in jenen Jahren wirtschaftlicher Depression nur wenige Leute leisten konnten.

Die politische Bildung war noch nicht sehr weit entwickelt. Nur ganz wenige hatten ein Radio, kaum mehr konnten sich eine Tageszeitung leisten. So kann man sich gut vorstellen, dass die Masse mit Halb- und Unwahrheiten leicht zu beeinflussen war. Die Ursachen für den

Aufstieg der Nationalsozialisten waren Charisma und Redetalent Hitlers und dessen Gespür für das, was die Deutschen hören wollten. Er legte den Finger auf die wunden Punkte: Das Versailler Diktat (nur so wurde der Friedensvertrag genannt) und die schlechte Wirtschaftslage. Das deutsche Volk fühlte sich durch dieses Diktat unsagbar gedemütigt. Für die schlechte Wirtschaftslage machte Hitler die Juden und die Demokratie verantwortlich. Die Mahnungen der Sozialdemokraten, wer Hitler wähle, wähle den Krieg, wurden belächelt.

Gerhards Eltern gehörten zu einer Minderheit, die zwar national dachte, aber Hitler und seine NSDAP ablehnte. Gerhards bewusste Wahrnehmung der Denkungsart seiner Eltern begann 1930. Er sah deshalb im Gegensatz zur Masse seiner Mitschüler die Entwicklung im Dritten Reich mit gewisser Skepsis. Da der Großteil der Jugend begeistert war von der »neuen Zeit«, blieb er ein Außenseiter, ohne sich als solcher gefühlt zu haben. Keiner seiner Mitschüler hat in ihm einen Andersdenkenden wahrgenommen, denn er machte alles mit, ohne verklemmt zu sein.

Ganz selbstverständlich gehörte zu ihm die sittliche Verpflichtung gegenüber dem Vaterland. Diese Loyalität war unabhängig von der jeweiligen politischen Führung. Wenn das Vaterland in Gefahr ist, hat man für sein Land zu kämpfen, gleichgültig wer gerade Herrscher ist. So hat auch Gerhard immer brav mitgemacht. Pflichterfüllung stand unter allen Werten an oberster Stelle.

Anfang der 1930er-Jahre trugen alle Buben eine Art Sakko und hatten unter dem Revers entweder ein ganz kleines Hakenkreuz oder drei Pfeile – je nach der politischen

Gesinnung der Eltern. Die drei Pfeile waren das Zeichen der »Eisernen Front«, eines Zusammenschlusses der paramilitärischen Organisation der SPD »Reichsbanner Schwarz-Rot-Gold« mit anderen gewerkschaftsnahen und linken Gruppierungen, etwa dem Arbeiter-Turn-Verein. Sie hatten sich zusammengeschlossen, um gegen die immer brutaler auftretenden paramilitärischen Organisationen der rechts- und linksradikalen Parteien, der SA und dem Roten Frontkämpferbund wirksamer Widerstand leisten zu können. Doch letztlich nützte das alles nichts mehr. Hitler kam 1933 an die Macht.

Einmal wurde Gerhard Zeuge, als ein Junge heulend bei seinen demokratisch gesinnten »Parteigenossen« ankam, die sofort fragten: »Haben dich Nazis verprügelt? Wo sind die?«

In der Straße lebten mehrere Jungs, die mit den Nazis sympathisierten. Sie hatten in einem Hinterhof eine Bude, die mit einer Leiter zu erreichen war. Gerhard wurde mitgenommen. An einer Wand hing ein Hitlerbild aus einer Zeitung. Ein bisschen feierlich wurde Gerhard gefragt, ob er wüsste, wer das sei. Er nickte. Damit wurde er, achtjährig, als Halbmitglied aufgenommen. Das war im Sommer 1931. Die anderen waren drei Jahre älter.

In sehr guter Erinnerung sind ihm die ständigen Umzüge der verschiedenen Parteien. In seiner Erinnerung waren es vier Gruppen: Die Kommunisten, die Sozialdemokraten, der Stahlhelm und die Nationalsozialisten. Kommunisten und Sozialdemokraten waren schwer zu unterscheiden. Man hatte den Eindruck, dass sie bei Umzügen besonders schlecht gekleidet zu erscheinen hatten, um zu dokumentieren: Uns geht es mies. Vorneweg schoben drei Frauen schäbige Kinderwagen, dahinter schlurften Leute mit herabhängenden Mundwinkeln. Bei der nächsten Ecke wurde angehalten, eine Rede geschwungen, dann die Internationale gesungen, begleitet von Schalmeien. Am nächsten Platz derselbe Auftritt, dieselbe Rede.

Ganz anders der Stahlhelm: gesittete ältere Herren, ehemalige Frontkämpfer, Typ Beamter, ordentlich gekleidet, mehr oder weniger uniformiert, aber nicht mitreißend, eben ordentlich. Wieder anders kamen die Nationalsozialisten daher: Auch sie wirkten ordentlich, hatten in ihren Reihen aber mehr junge Gesichter, die den Eindruck erweckten, so schlecht ist die Welt nicht, guckt uns an, Typ: positiv denkender Student. Bei den zahlreichen Aufmärschen der paramilitärischen Organisationen der Weimarer Republik wirkte die nationalsozialistische SA mit ihren braunen Uniformen am entschlossensten.

Beim Vergleich dieser drei Gruppen urteilte der junge Gerhard folgendermaßen: Die Kommunisten und Sozis vermittelten kein positives Zukunftsbild, der Stahlhelm, na ja, solide, aber könnten die Deutschland aus dem Schlamassel herausholen? Eher nicht. Die Nazis, ja, die strahlen etwas Positives aus, die würden auch anpacken, mit denen könnte man es versuchen. Und so gewann Hitler immer mehr Zulauf, so einfach war das. Es entwickelte sich ein Zweikampf: Kommunisten gegen Nationalsozialisten. Hitler siegte, weil er die Unterstützung nationalkonservativer Kreise fand und somit für all jene wählbar wurde, die das demokratische System ablehnten.

So wurde Hitler am 30. 1. 1933 ganz legal mit der Bildung einer Regierung beauftragt. Es war für die meisten Deutschen keine »Machtergreifung«. Die maßgebenden politischen Kräfte des nationalkonservativen Lagers glaubten, mit Hitler wie mit einer Marionette spielen zu können, und sahen in ihm eher eine Zwischenlösung auf dem Weg hin zur Wiedererrichtung des Kaiserreichs. Aber sie waren an den Falschen geraten. Wie mögen sie sich knapp acht Wochen später die Augen gerieben haben, als Hitler am 24. 3. 1933 mit dem Ermächtigungsgesetz sein wahres Gesicht zeigte? Das war die eigentliche Machtergreifung.

Am Tag nach dem 30. Januar hielt Gerhards Klassenlehrer Schmidt, ein typischer alter Frontoffizier, jetzt mit Kneifer und Knickerbocker anstelle der Uniform, eine kurze Rede, in der er seine Sympathien für Hitler zu Ausdruck brachte: »Jetzt kommt Ruhe ins Land, alles wird besser. Alle aufstehen, wir singen das Deutschlandlied.«

So begann die neue Zeit. Kurz darauf, zu Ostern 1933, stand für Gerhard der nächste Schulwechsel an. Zwei aus seiner Klasse von 40 Schülern kamen aufs Gymnasium. Lindhorst, ein Schüler, dessen Eltern ein Wollgeschäft hatten, die es sich also leisten konnten, ihren Sohn aufs Gymnasium zu schicken, und er. Der Klassenlehrer verabschiedete die beiden. Lindhorst wünschte er alles Gute. Zu Gerhard sagte er: »Du wirst es wohl schaffen.«

Wegen guter Schulnoten bekam Gerhard eine Freistelle, obwohl seine Eltern inzwischen finanziell in der Lage gewesen wären, den Gymnasiumsbesuch zu bezahlen. Das Schulgeld für die Mittelschule betrug monatlich 10 Mark, Gymnasium 20 Mark, Auswärtige hatten 25 Mark zu zahlen, da sie ja nicht für den Betrieb der Schule Steuern zahlten wie die Städter. Wenn mehrere Geschwister die Schule besuchten, gab es eine Geschwisterermäßigung auf 10 Mark. Diese Regelung aus der Weimarer Republik wurde im Dritten Reich beibehalten.

In Stendal besuchte Gerhard das humanistische Gymnasium, weil es gar kein anderes gab. Es soll zu den zehn ältesten Schulen Deutschlands gehören und früher eine Lateinschule für Mönche gewesen sein. Sinnigerweise steht sie auch auf dem Mönchskirchhof. Bis 1935 trugen alle Mittelschüler und Gymnasiasten Schülermützen. In manchen Schulen hatte jede Klasse eine andere Farbe, meistens gab es beim Klassenwechsel aber nur andere Mützenbänder. Wenn zu Ostern ein Klassenwechsel anstand, gab es ein großes Gedränge beim Mützenmacher. Die Jungens hatten eine Mütze mit Schirm, die meisten Mädchenschulen schirmlose Mützen. Die Mädchen, auf deren Schulen Schirmmützen üblich waren, fanden das ungemein schick.

Auf dem Gymnasium wurden Klassen mit lateinischen Namen bezeichnet: Es wurde rückwärts begonnen mit *Sexta, Quinta, Quarta* bis *Prima*, also das Ziel mit der Nummer eins. Auch auf den Volksschulen wurde rückwärts mit der achten Klasse begonnen. Das änderte sich erst mit der neuen Namensgebung für Gymnasien: Im Dritten Reich hießen sie ab 1938, nun ganz eingedeutscht, Oberschule für Jungen bzw. Mädchen. In den Oberschulen begannen die Klassen mit 1, 2, 3 … Eigenartigerweise wurde der Name für humanistische Gymnasien beibehalten.

In der *Sexta* saß neben Gerhard Ehlert ein Bursche namens Herbert Kath. Sein Vater war Eisenbahnarbeiter, er lebte in Karnipp 6, in einer Gegend, in der ärmere Leute wohnten. Die beiden freundeten sich an. Er hatte eine Freistelle wie Gerhard. Zu seinem Geburtstag schenkte er ihm Münchhausens Abenteuer, bei EPA für 25 Pfennig gekauft. EPA (Einheitspreis AG) führte nur Waren, die 10, 25, 50, 75 oder 100 Pfennig kosteten. Es war ein größeres Kaufhaus, in dem sich im Winter viele Leute nur zum Aufwärmen aufhielten. Herbert Kath traf Gerhard Ehlert 1945 in Gefangenschaft wieder.

Mit zehn Jahren bekam Gerhard Geigenunterricht bei dem Kapellmeister Schulze für zwei Mark die Stunde. Er spielte nun auf einer Dreiviertelgeige, die er von seinem Cousin Erich Zunk geliehen hatte. Sein Geigenspiel reichte wohl aus, um im Schulorchester in der zweiten Geige mitspielen zu können. Das erste Stück, in dem er mitspielte, war »Die Entführung aus dem Serail« von Mozart. Er hatte keine Ahnung, was der ganze Text bedeutete. Die wöchentliche Orchesterprobe fand in der Aula statt. Jeder Montag begann mit einer Morgenandacht, die von Lehrern gehalten wurde.

Mit Beginn der Gymnasiumzeit traten alle außer Gerhard ins Jungvolk ein. Seine Eltern verboten es ihm. Das Jungvolk war eine Organisation der Hitlerjugend für die 10- bis 14-Jährigen. Gerhard trat erst am 2. Mai 1934 ein. Im Jungvolk und in der Schule gab es keinen politischen Unterricht, so war es auch in allen Städten, in die die Familie Ehlert zog.

In den Kasernen, in denen Vater Ehlert Dienst tat, wurden regelmäßig Traditionsfeste gefeiert. Veteranen, die zum Teil noch vor dem Krieg gedient hatten, kamen als alte Herren. Es handelte sich fast ausnahmslos um

Bauernsöhne, die gewohnt waren, mit Pferden umzugehen. Die Herren Offiziere entstammten dem Landadel der Mark Brandenburg und fanden sich zum Teil mit ihren Frauen ein. Man befand sich gedanklich ja noch größtenteils im Kaiserreich, und dementsprechend war auch die Ausdrucksweise. Die einfachen Soldaten kamen mit ihren Frauen, die Unteroffiziere mit ihren Damen, die Offiziere mit ihren Gemahlinnen, so war es richtig. Mannschaftsdienstgrade und Unteroffiziere wurden gefragt: »Wo haben Sie gedient?« Offiziere fragte man: »Wo haben Sie gestanden?«

Es waren noch sehr viele Uniformen aus der Kaiserzeit vorhanden für Waffengattungen, die es längst nicht mehr gab: Kürassiere, Dragoner, Ulanen und Husaren. Die kleine Reichswehr mit ihren 100 000 Mann pflegte die Tradition der alten Armee. Jede Eskadron übernahm die Tradition eines Regiments. Es wurden Quadrillen geritten, alles in den alten Uniformen. Natürlich gab es Essen aus der Feldküche, der Gulaschkanone, und ein geselliges Zusammensein: Weißt du noch, damals?

Für Gerhard waren Jagden im Herbst immer etwas Aufregendes. Es gab drei: die Hubertusjagd, die Fuchsjagd und noch eine weitere. Bei der Fuchsjagd hatte der Vorjahressieger den (echten) Fuchsschwanz zu Hause. Er befestigte den Schwanz an seiner Schulter, aber lose genug, damit die Uniform beim Abreißen nicht beschädigt wurde. Man gab ihm einen Vorsprung, dann ging es los, alle Reiter, vielleicht 150, jagten hinterher, um den Fuchsschwanz abzureißen. Auf dem Jagdgelände gab es Erbsensuppe aus der Feldküche, jeder bekam einen Bruch Eichenlaub, eine Gruppenaufnahme wurde gemacht, und dann ging es zurück in die Kaserne, mit

Musik durch die Stadt. Alle Familienmitglieder wurden mit Pferdekutschen befördert – ein erhebendes Spektakel. Gerhard versuchte möglichst vor den Reitern in der Kaserne zu sein. Denn er hatte bei den Soldaten seine Freunde, deren Pferd er besteigen durfte, wenn sie durch das Tor geritten waren. Einmal wäre es dabei fast zu einem bösen Unfall gekommen. Als er mit dem Pferd auf die gerade Straße einbog, die zum Stall führte, roch der Gaul wohl den Stall und ging sofort in Galopp über. Gerhard hielt sich am Sattel fest, sah vor sich das Stalltor, hatte das Gefühl, es sei zu niedrig, legte sich flach aufs Pferd, es ging mit Karacho in den Stall, in seine Box und stand. Er atmete auf.

Der politische Wandel begann, ohne dass es von vielen bemerkt wurde. Die kritischen Hitlergegner aber nahmen auch kleinste Veränderungen wahr. Wenn SA-Männer vor jüdischen Geschäfte standen, um Kunden abzuschrecken, wurde das hingenommen, ohne darüber nachzudenken. In politischen Reden wurde den Menschen ja täglich eingetrichtert, dass die Juden ihr Unglück seien. 1933 wurde das erste Konzentrationslager in Dachau errichtet – für viele eine Art Arbeitslager, eine Besserungsanstalt, mehr nicht. Am 30. 6. und 1. 7. 1934 fand der »Röhm-Putsch« statt. Hitler hatte die Befürchtung, dass der Führer der SA seine Organisation zu einer Volksarmee umwandeln könnte, eine Konkurrenz zur Reichswehr, auf die sich Hitler stützte. Für die Soldaten der Reichswehr wurde vorsichtshalber scharfe Munition ausgegeben, das hatte Gerhard in der Kaserne mitbekommen. Hitler hat in einer Nacht- und Nebelaktion Röhm und alle missliebigen Personen, darunter auch den früheren Reichskanzler, General Schleicher und dessen Ehefrau, von Mitgliedern seiner SS, einer neuen paramilitärischen Parteiorganisation, ermorden lassen – einfach so, ohne Gerichtsverfahren.

Nur ein Jahr später ereignete sich in der Familie Ehlert ein tragischer Todesfall: Gerhards Bruder Konrad starb am 9. Juni 1934 an Nierenversagen. Der Vater kam mitten im Unterricht in die Schule und berichtete es seinem zweiten Sohn. Für Gerhard war das unfassbar, er konnte nicht mit dem Tod seines Bruders umgehen. Die Familie fuhr mit einem Auto und dem Sarg im Gepäck nach Meiersberg, wo Konrad begraben wurde. In der Wohnstube der Großeltern wurde der offene Sarg aufgebahrt. Die Großeltern zogen die Gardinen zu, der Spiegel wurde mit einem Tuch abgehängt.

Für Gerhard war der Anblick seines toten Bruders ebenso unheimlich wie die Tatsache, dass in Meiersberg eine Grabstelle für drei Personen eingerichtet wurde: In der Mitte die für Konrad, die anderen beiden für die Eltern, deren Absicht es ja immer war, in Meiersberg ihren Lebensabend zu verbringen. Zum ersten Mal musste sich Gerhard mit dem Tod auseinandersetzen, der ihm erst spät im Krieg wieder begegnete, als der Professor in der schwer getroffenen Do 217 verblutete.

Ehlert liegt auf seiner Pritsche und starrt an die Decke. Er versucht die trüben Erinnerungen zu verdrängen. Er möchte an schönere Dinge denken als an den Tod. Zum Beispiel daran, wie gern er als junger Bursche grünen Hering gegessen hat. Wenn der Fischmann im Dorf war, machte er sich mit dem Rad auf zur ganzen Verwandtschaft im Dorf. An sechs Türen klopfte er an und fragte, ob es zum Mittagessen grünen Hering gäbe, um sich dann selbst zum Essen einzuladen. Ehlert glaubt den Geschmack auf der Zunge zu haben, und erinnert sich weiter an andere Genüsse.

Im Wald gab es damals viele Blaubeeren, auf Platt hießen sie nur »Bäsing«. Viele Dorfbewohner gingen »Bäsingpflücken«, um Geld zu verdienen. Für ein Pfund bekam man zwischen fünf und zwölf Pfenning. In nassen Sommern gab es viele Blaubeeren, die aber oft sehr wässerig waren. Dann gab es dafür nur 5 Pfennig.

Im Sommer 1934 hatte der junge Ehlert ein neues Ziel vor Augen. Er brauchte 14 Mark, um sich eine Fotoausrüstung zu kaufen: eine Box von Balda für sechs Mark, dazu eine Tasche, Stativ, Drahtauslöser und Selbstauslöser. Drei Wochen brauchte er, dann hatte er das Geld zusammen. Sofort begann er zu fotografieren – ganz spezielle Motive, wie er glaubte: Tante Meta beim Buttern mit dem Butterfass, Tante Erna beim Melken, andere Verwandtschaft bei der Roggenernte, mit Sense und beim Garbenbinden, dann eine Gruppenaufnahme nach der Feldarbeit. Um nicht wahllos Bilder zu machen, die ja Geld kosteten, fragte er sich vor jeder Aufnahme selbst: Würdest du dieses Bild ins Album kleben? Eine gute Kontrollmaßnahme.

Zu Meiersberg gehörte auch das typische Geräusch, das beim Dengeln der Sensen entstand. Dabei wurden die Sensenschneiden mit einem Dengelhammer auf einem Dengeleisen dünner geklopft und auf diese Weise geschärft. Ein Dengeleisen ist ein leicht gewölbtes, fünf mal fünf Zentimeter großes Eisen auf einem Hackklotz. Damit das Sensenblatt in der richtigen Neigung auf dem Dengeleisen lag, wurde an den Sensenbaum (Stiel) ein Strick gebunden und an dessen anderem Ende ein Stein angebracht. Der Strick wurde so über einen dicken Ast gelegt, dass alles gut ausbalanciert war.

Irgendwann im Sommer 1935 bekam Gerhard eine Luftpistole in die Hände, mit der er Löcher in die Wetterfahne der Nachbarscheune schoss. Einer seiner Spielgefährten war damals Arno Meier, Ehlert erinnert sich genau. Zu zweit gingen sie zum Tischler Max Ehlert, der mit Gerhard weitläufig verwandt und obendrein einer der erfolgreichsten Wilddiebe der ganzen Gegend war. Von ihm ließen sich die Burschen ein Pusterohr machen: Innenrohr acht Millimeter, außen 28 Millimeter Durchmesser, Länge 110 Zentimeter. Es war aus zwei Teilen hergestellt, in die jeweils eine halbkreisförmige Rille gehobelt worden war. Zusammmengeleimt ergab sich das Rohr. Ein Mundstück ähnlich einem Trompetenmundstück wurde geschnitzt. Am Mundstück begann das Rohr achteckig, nach 30 Zentimetern ging es in eine runde Form über. Zum Schluss wurde das Rohr noch rotbraun gebeizt. Es kostete 80 Pfennig. Max Ehlert entschuldigte sich für den hohen Preis, denn 1910 hatte es nur 50 Pfennig gekostet. Den beiden Burschen war das aber egal.

Geschossen wurde mit sogenannten Püstern. Hergestellt wurden sie aus drei Lagen Leinenstücken fünf mal fünf Zentimeter groß. Die wurden ausgefranst bis auf einen kleinen Teil und auf einen Nagel gesteckt, umgebogen, mit Nähgarn zusammengebunden und mit einer Schere sauber abgeschnitten. Der Nagel wurde mit einer Feile scharf geschliffen. Man konnte damit auf eine Entfernung von 10 Metern auf Holzscheiben schießen.

Ehlert grinst die Decke in seiner Stube an. Weit weg von Krieg und Gefangenschaft wähnt er sich, wenn er an diese Zeit denkt. Und doch kommen seine Gedanken immer wieder zurück zum Kern, zur Stunde Null seines Lebens, quasi, zu jener Minute, in der er sich für Nazi-Deutschland, für die Luftwaffe entschied. Oder gibt es gar keinen Punkt? War es eher ein Hineingleiten?

Er erinnert sich an wichtige Ereignisse seiner Jugend wie den 20. April 1937, als an »Führers Geburtstag« sein Jahrgang vom Jungvolk in die Hitlerjugend übernommen wurde. Das war mit einer großen Feier verbunden, die bei einbrechender Dunkelheit stattfand. Beim Marsch zum Veranstaltungsort, dem kleinen Berg, auf dem das Bismarckdenkmal stand, trugen die außen Marschierenden Fackeln. Alle Buben bildeten ein großes Karree, in der Mitte brannte ein riesiges Feuer. Kernige Sprüche waren zu hören, und Gerhard war tief beeindruckt. War es dieser Abend, der ihn hier ins Kriegsgefangenlager nach Jelabuga gebracht hat?

Wohl nicht, denkt sich Ehlert. Noch hätte er ohne Weiteres die Möglichkeit gehabt, sich der ganzen Sache zu entziehen, sich den Eltern, der Mutter anzuschließen, die ihre Söhne immer vor dem »Teufel in Menschengestalt« gewarnt hatte, sobald das Gespräch auf Hitler und die Partei kam. Also muss es ein anderer Zeitpunkt gewesen sein. Einen Wendepunkt muss es doch geben, einen, nachdem es kein Zurück mehr gab.

Ehlert denkt nach. Er erinnert sich an die Zeit, als er zum Wehrdienst einberufen wurde. Im Frühjahr 1940, ein halbes Jahr vor seinem Dienstantritt, musste er zu einer Prüfung nach Hannover in die Annahmestelle 2 für Offiziersanwärter der Luftwaffe. Die Prüfung war die wichtigste und schwierigste, wie er später erfuhr. Es wurden nur 30 Prozent der Bewerber angenommen.

Nach einer ärztlichen Untersuchung mussten sich die Prüflinge auf einen Stuhl setzen. Der erste Eingangstest verlief folgendermaßen: Hände und Gesicht wurden mit Tüchern bedeckt, damit kein Luftzug mehr die Haut berührte. Der Stuhl wurde nun langsam gedreht. Der Prüfling musste jetzt sagen, in welcher Richtung er sich drehte. Das war kein Problem für den jungen Ehlert. Und auch den zweiten Test, mit dem die Reaktionsgeschwindigkeit geprüft werden sollte, meisterte er ohne Schwierigkeiten. Auf einem länglichen Kasten waren fünf Scheiben, 15 mal 15 Zentimeter groß, nebeneinander aufgereiht. Eine war rot, eine blau markiert, auf der dritten war ein Kreis, auf der vierten ein Quadrat und auf der letzten ein Punkt aufgemalt. Der Raum wurde verdunkelt. Dann erschienen auf einer Leinwand in unregelmäßigen Abständen die fünf Zeichen. Auf dem Kasten waren fünf Hebel entsprechend den Zeichen, die immer betätigt werden mussten, wenn das betreffende Zeichen auf der Leinwand erschien. Dazu gab es gleichzeitig einen akustischen Test. Auf ein tiefes Brummen musste die linke Fußtaste betätigt werden, entsprechend die rechte. Dreihundert Zeichen erschienen. Danach wurden alle Zeichen vertauscht, und es ging gleich wieder los. Ehlert bestand mit Bravour. Doch er war noch nicht durch. Vor einer Turnübung musste ein langer Text auswendig gelernt werden, der nach der Übung wieder aufgesagt werden sollte. Bereits vorher war bekannt, dass ein Vortrag gehalten werden musste, also bereiteten sich die Prüflinge auf ihre Themen vor. Als die jungen Männer schließlich zu ihrem jeweiligen Vortrag aufgerufen wurden, standen sie vor 15 Leuten – und wurden plötzlich mit einem ganz anderen Thema konfrontiert, als vorher ausgemacht. Die Prüflinge mussten in ganzen Sätzen sprechen und wurden dabei genau von einem Psychologen unter die Lupe genommen. Der quetschte dann zusammen mit anderen Prüfern auch noch jeden Einzelnen aus und versuchte die Männer aufs Glatteis zu führen. Er stellte manipulative Fragen zur Ordnung und Disziplin, die die Offiziersbewerber dazu veranlassten, ihren aufgeräumten Schreibtisch zu Hause in höchsten Tönen zu loben. Eine paar Minuten und einige Fragen später stand der heimische Schreibtisch wieder im Mittelpunkt, aber diesmal unter kreativen Gesichtspunkten. Und viele der Prüflinge schwenkten einfach um. Jetzt war ihr Schreibtisch plötzlich ein chaotischer Hort wilder Kreativität.

Holzauge sei wachsam, dachte sich Gerhard Ehlert und blieb bei seiner Schilderung der Ordnung auf dem Schreibtisch. Während des Gesprächs, bei dem die Prüfer abwechselnd und in rascher Folge Fragen stellten, die ebenso schnell beantwortet werden mussten, bat der Psychologe die Prüflinge, zwei Kugeln auf dem Tisch vor ihnen übereinanderzustellen. Wer die beiden Metallkugeln auch nur berührte, war raus – ebenso raus, wie der Bewerber, der sein Jackett ablegte, weil es ihm in dem Zimmer, in dem die psychologische Prüfung stattfand, zu warm war. Lässigkeit war nicht gefragt beim Offiziersannahmeverfahren der Luftwaffe. Die Prozedur dauerte insgesamt drei Tage. Am 22. Juli 1940 hatte Gerhard Ehlert sie bestanden. Und er spürt noch heute das Hochgefühl in seinen Knochen. Es war der erste Schritt zur Pilotenausbildung.

Seinen Einberufungsbefehl bekam Ehlert für den 15. Oktober 1940 zur 3. Kompanie des Flieger-Ausbildungs-Bataillons 16 in Schleswig. Frankreich ist besiegt, die deutsche Luftwaffe bombardiert englische Städte, und das verbündete Italien greift in Überschätzung der eigenen Kräfte Griechenland an – ein fataler Schachzug, der Deutschland in einen Feldzug auf dem Balkan verwickeln wird, der schließlich dazu führt, dass der deutsche Angriff auf die Sowjetunion sich im Sommer 1941 um Wochen verzögert. Diese Verspätung ist dafür verantwortlich, dass die deutsche Wehrmacht Moskau vor Einbruch des Winters nicht mehr erreicht – eine möglicherweise kriegsentscheidende Wendung.

Kleine Ursache, große Wirkung, denkt sich Ehlert auf seiner Pritsche in seiner Stube in Jelabuga. Er erinnert sich sehr gut an jene Zeit von vor knapp fünf Jahren. Die Hälfte seiner Klasse wollte damals unbedingt aktiver Offizier werden. Für die Bewerber, die genommen wurden, war der 5. Oktober 1940 der letzte Schultag, die anderen blieben bis Ostern 1941 und machten die üblichen Prüfungen für das Abitur. An jenem 5. Oktober gingen Ehlert und seine Klassenkameraden in feinstem Sonntagsanzug mit Klassenlehrer Dr. Gustaf Wüster zum Fotografen Blankenhorn für ein letztes Klassenfoto. Dann marschierten die jungen Männer gemeinsam in den Ratskeller zur gemütlichen Abschiedsfeier. Ehlerts Klassenkamerad Dieter Wustrau, der zur Marine wollte, zog aus der Brusttasche ein Zigarrenetui, nahm eine Zigarre heraus, schnitt mit einem Abschneider die Spitze ab und begann zu rauchen. Dr. Wüster nahm es schmunzelnd zur Kenntnis. Die Stimmung war nicht traurig, wie zu diesem besonderen Tag zu vermuten gewesen wäre. Es war ein normales Auseinandergehen. Noch einmal ruft sich Ehlert jetzt das Klassenfoto in Erinnerung. Über die Hälfte der jungen Männer ist jetzt, im Mai 1945, gefallen. Am Morgen des 14. Oktobers 1940 hat Ehlerts Vater seinen Sohn zum Bahnhof begleitet. Zum Abschied hat er wie zum Trost gesagt: »Nicht für jeden ist die Kugel gegossen, mein Sohn.«

Auch wenn er ein bisschen nervös war, Ehlert freute sich auf Schleswig und die Grundausbildung. Zuerst wollte er die Koffer irgendwo aufgeben und die Stadt besichtigen. Doch es kam anders. Zahllose junge Männer stiegen an diesem Tag aus dem Zug aus. Auf dem Bahnsteig standen Soldaten mit Schildern, auf denen verschiedene Einheiten angeschrieben waren. Ehlert reihte sich in die Kolonne der 3. Flab. 16 ein, dann marschierte er mit den anderen zur Kaserne an der Schlei. Nichts war's mit der Stadtbesichtigung.

In der Kaserne wurden die neuen Soldaten sofort eingekleidet. Dann kam die Einteilung in Gruppen zu 10 Mann und Züge zu 30 Mann. Nach den ersten vier Wochen in Schleswig musste Ehlerts Kompaniechef der Schule in Göttingen bescheinigen, dass er, Gerhard Ehlert, jetzt Soldat war. Das hatte zur Folge, dass ihm das Zeugnis der Reife zugeschickt wurde. Ehlert hatte also das Abitur in der Tasche, ohne irgendeine Prüfung abgelegt zu haben. Das Kriegsabitur sowie alle Abiturzeugnisse bis 1942 wurden übrigens nach dem Krieg für ein Studium anerkannt, alle späteren mussten nachgeholt werden. Die Begründung: Wegen der vielen Fliegeralarme wäre ab 1942 keine ausreichende Schulausbildung mehr möglich gewesen. Ehlert hatte also wieder einmal Glück.

Auf der Stube lag Ehlert mit den zehn Mann seiner Gruppe. Jeder hatte einen schmalen Spind. Die Betten waren zweistöckig, das Oberbett bestand aus einer Wolldecke in einem Bezug, das musste äußerst korrekt zusammengelegt werden. Jeden Tag hatte ein anderer Stubendienst. Wenn am Abend Stubenappell war, wurde immer irgendwo ein Stäubchen gefunden – auf einem Schrank oder in einer Steckdose. Ein Vierteljahr dauerte die Grundausbildung: Marschieren, Grüßen, Schießen mit Karabiner, Pistole und Maschinengewehr. Wenn es zum Essen ging, wurde ein Lied gesungen.

In Abständen wurden die jungen Soldaten »geschliffen«. Das bedeutete Exerzieren bis an die Grenze der Leistungsfähigkeit, was manchmal im Waschraum endete, wo mit Gasmaske, das Gewehr an ausgestreckten Armen haltend, Kniebeugen gemacht wurden. Ehlert und seine Kameraden hielten dergleichen für völlig sinnlos. Mit einer sachlichen Ausbildung hatte das nichts zu tun. In jeder Gruppe war ein Offiziersanwärter, von Weitem schon an einer Binde erkennbar, die am linken Oberarm getragen wurde. Ehlerts Zugführer war zu dieser Zeit ein etwas älterer Feldwebel aus Ducherow, 15 Kilometer von Meiersberg entfernt, ein ruhiger, besonnener Typ, kein Komisshengst. Eines Abends nahm er Ehlert zur Seite und grinste: »Sie werden noch mal General.«

Der »General« liegt jetzt auf der Pritsche im Kriegsgefangenenlager Jelabuga und hat's nur bis zum Leutnant gebracht, denkt sich Ehlert. Zum ersten Mal hat er das Gefühl, dass ihm der Krieg etwas genommen hat. Er wird ungeduldig, verdrängt die Gedanken aber schnell wieder und denkt an seine Ausbildung zurück, die nach der Grundausbildung noch sechs weitere Wochen in Schleswig fortgesetzt wurde. Ehlert hatte den sogenannten Unterführerlehrgang zu absolvieren, was eigentlich nur eine Fortsetzung der Grundausbildung war. Zum Abschluss wurden er und seine Offiziersanwärterkameraden zu Fahnenjunkern ernannt. Das war an der Uniform kaum zu erkennen. Lediglich an den Schulterklappen wurde eine dünne, runde silberne Kordel angebracht.

Die Ausbildung an der Flugzeugführerschule in Werder bei Potsdam begann Anfang März mit theoretischem Unterricht in Navigation, Funkwesen, Triebwerkskunde, Strömungslehre, Wetterkunde und so weiter. Am 16. April 1941, einem Mittwoch, machte Ehlert den ersten Einweisungsflug auf einem Doppeldecker des Typs Bücker Jungmann Bü 131. Am 17. Mai, nach 83 Flügen – fünfminütigen Platzrunden mit Fluglehrern – wurde er für fähig befunden, einen Alleinflug zu absolvieren. Das war, so erinnert er sich, eine aufregende Angelegenheit, bei der allerdings in der Regel nie etwas passierte, weil die jungen Piloten übervorsichtig waren.

Gestartet und gelandet wurde neben dem sogenannten Landekreuz. Das war kein Kreuz, sondern ein großes »T« aus weißem Stoff. Der senkrechte und waagerechte Teil maß jeweils zehn mal einen Meter. Es kam darauf an, möglichst dicht rechts neben dem waagerechten Teil des »T« abzuheben und aufzusetzen. Nach den ersten 30 selbstgeflogenen Platzrunden mussten Notlandeübungen mit einem Fluglehrer absolviert werden. Dazu zog der Lehrer plötzlich den Gashebel auf Leerlauf und simulierte so einen Motorausfall. Der Flugschüler musste nun in Windeseile eine Stelle im Gelände suchen, die zum Landen geeignet schien. Dann wurde eine Scheinlandung absolviert, bis man nur wenige Meter über dem Boden war, und schließlich wurde mit Vollgas durchgestartet.

Als besondere Abwechslung bleiben Ehlert aus dieser Zeit die Überlandflüge in Erinnerung. Dazu musste der Kompasskurs ausgerechnet werden. Aus der Karte wurde die Richtung mit einem Kursdreieck gemessen, dann wurden drei Einflüsse berücksichtigt, die den Kompasskurs beeinflussen: der Wind, die magnetische Abweichung durch Metallteile des Flugzeuges und die sich ständig ändernde Lage des magnetischen Nordpols. Die Fliegerkarten hatten den Maßstab 1:300 000, die Hauptorientierungspunkte in der Natur waren Wald und Wasser, die farblich besonders hervorgehoben wurden. Es kam vor, dass man dabei die Orientierung verlor. In der Fliegersprache hieß das: Man hatte sich verfranzt, dann verließ man verbotenerweise die vorgeschriebene Flughöhe – 300 Meter durften nicht unterschritten werden – und flog eine Bahnlinie entlang. Dazu gab es eine Faustregel: linkes Rad, rechte Schiene. Wenn ein Bahnhof kam, flog man so niedrig, dass das Ortsschild zu lesen war.

Die Ziele von Ehlerts Flugschule waren Magdeburg, Stendal, Hannover, Erfurt, Pyritz, Neubrandenburg, Stettin, Strausberg und Prenzlau. Auf fremden Plätzen musste man sich bei der Flugleitung melden. Dann wurde aufgetankt. Die meisten Schulflugzeuge hatten zu dieser Zeit nur für drei Stunden Benzin.

Einmal im Monat gab es für alle Luftwaffenpiloten und solche, die es werden wollten, ein besonderes Ritual. Es musste angetreten werden, Stahlhelm auf. Dann verlas ein Offizier den Paragrafen 92. Der betraf die fliegerische Zucht und Ordnung. Für Ehlert und seien Kameraden entwickelte sich dieses Ritual zu einer kurzweiligen, erheiternden Geschichte. Denn nachdem der Paragraf gebetsmühlenartig vorgetragen worden war, wurden alle fliegerischen Vergehen, die im Deutschen Reich im vergangenen Monat geschehen waren, ausführlich geschildert. Die jungen Piloten staunten oft nicht schlecht über die Streiche, die so mancher ihrer Kollegen aus Übermut angestellt hatte. Einer landete in seinem Heimatdorf einfach auf einer Wiese, ein anderer umkreiste den Dorfkirchturm in niedriger Höhe. Wieder ein anderer flog waghalsig unter eine Brücke durch. Alles nicht erlaubt. Die Strafen für solch fliegerische Undiszipliniertheiten waren recht unterschiedlich: Sie reichte von sechs Monaten Festungshaft bis zur Aberkennung des Dienstgrades.

Im August 1941, während die Wehrmacht bereits seit sechs Wochen Richtung Moskau unterwegs war und eine militärische Erfolgsmeldung die andere jagte, wurde Ehlerts Einheit auf einen Flugplatz östlich von Magdeburg verlegt. Die jungen Piloten absolvierten dort für fünf Wochen ihren Flugdienst. Die ersten Nachtflüge – allerdings nur Platzrunden – standen auf dem Programm.

Der Aufsichtsoffizier war zu dieser Zeit Wolf-Dieter Dahinden. Der Oberleutnant, im Frankreichfeldzug verwundet, hatte ein steifes Ellenbogengelenk und war mit dem Eisernen Kreuz erster Klasse ausgezeichnet. Er hinterließ durch seine Persönlichkeit, sein Auftreten und seine Stimme bei den jungen Fliegern einen tiefen Eindruck. In Magdeburg wohnte er zusammen mit seiner jungen Frau Ilse außerhalb der Kaserne. An einem lauen Abend trafen sich Flugschüler und Aufsichtsoffizier zu einem geselligen Beisammensein. Es wurde viel getrunken. Ehlert brachte sein Koffergrammophon mit, das er in Berlin gekauft hatte. Einer der Männer hatte für diesen Abend einige humorige Blätter mit Texten und Zeichnungen mitgebracht. Eine Zeichnung zeigte einen Tiefdecker, eine Klemm 25. Hinten saß ihr Aufsichtsoffizier, davor seine Frau mit wehendem Schal. Das Flugzeug hatte auf dem Papier die Bezeichnung WD+Ilse: Wolf-Dieter und Ilse, seine Frau. Dahinden hatte tatsächlich verbotenerweise eine Platzrunde mit seiner Frau gedreht.

Als er sich jetzt daran erinnert, schmunzelt Ehlert auf seiner Pritsche in Richtung Decke. Und er denkt an einen Flug, der auch ihn Kopf und Kragen hätte kosten können. Einen Tag nach seinem 19. Geburtstag sollte er einen anderen Aufsichtsoffizier, Oberleutnant Bressel, der ebenfalls zu den Fluglehrern gehörte, in seine Heimat fliegen. Bressel hatte den Dienst in Werder quittiert und wollte an die Front. Die beiden Piloten nahmen eine französische Caudron C.440, ein geräumiges zweimotoriges Verbindungsflugzeug, weil auch Möbel transportiert werden sollten. Mit Ehlert flogen noch ein zweiter Flugzeugführer und ein Bordfunker. Der Zielflugplatz war Stolp in Hinterpommern, aber vorher sollte der Pilot noch auf einer Wiese in Groß Tychow landen, wo Oberleutnant Bressel aussteigen wollte und seine Möbel ausgeladen werden sollten. Bressels Vater war dort Forstmeister.

Ehlert wusste nicht, ob diese Zwischenlandung genehmigt war, kümmerte sich aber nicht weiter um die Formalitäten. Flugschüler wie er durften nur eine halbe Stunde nach Sonnenaufgang und eine halbe Stunde vor Sonnenuntergang fliegen. Da an dem Flugzeug ein kleiner Schaden war, verschob sich der Start. Schließlich ging es gegen 16.30 Uhr los. Damit war klar, dass Ehlert bei Dunkelheit in Stolp angekommen würde. Als Fluglehrer war Oberleutnant Bressel Ehlerts Vorgesetzter. Sollte er sich weigern?

Die Reisegruppe flog südlich um Berlin herum, denn die Hauptstadt war Sperrgebiet. Dann ging es weiter Richtung Groß Tychow. Südöstlich von Stettin sah Ehlert die Sonne im Madüsee untergehen. In Groß Tychow kam man gegen 17.40 Uhr an. Auf der Wiese wartete schon seit Mittag ein Leiterwagen, um die Möbel aufzunehmen. Als Ehlert wieder starten wollte, änderte Oberleutnant Bressel den Plan: »Fliegen Sie nicht nach Stolp, sondern nach Kolberg, das ist näher«. Ehlert nahm die Karte, bestimmte den Kompasskurs und die Flugzeit. Und ihm war sofort klar, dass diese kurzfristige Kursänderung eine ganz falsche Entscheidung war. In Kolberg war der Flug nicht angemeldet und die Flugzeit insgesamt nur um sechs Minuten kürzer.

Der junge Pilot gehorchte dennoch und startete bei einbrechender Dunkelheit. Er flog die Maschine in die Nacht hinein. Schon bald musste er nach der errechneten Flugzeit Kolberg erreicht haben. Doch man konnte am Boden einfach nichts erkennen. Die Nacht war ex-trem dunkel, deshalb entschied sich Ehlert, der den Verdacht nicht los wurde, längst über der Ostsee zu sein, für eine Kehrtwende. Er flog genau die Strecke zurück und hoffte, bei sorgfältiger Beobachtung den Küstenstreifen sehen zu können. Da obendrein das Funkgerät defekt war, befanden sich die Männer in der fliegenden Kiste in einer misslichen Lage. In der Dunkelheit konnte Ehlert auf keinen Fall landen. Es blieb nur eine einzige

Möglichkeit: Auf Höhe gehen und mit dem Fallschirm aussteigen – eine äußerst unangenehme Maßnahme, weil man nicht wusste, wie die ganze Aktion ausgehen würde. Das Flugzeug würde hoffentlich irgendwo auf einem Acker aufschlagen und nicht in einem Ort. Doch dann kam die Rettung in letzter Sekunde. Wieder blieb Ehlert das Glück treu. Er hatte den Kurs so genau berechnet, dass er beim Rückflug exakt den Flugplatz in Kolberg überflog und das genau in jener Minute, da unten der Nachtflugbetrieb aufgenommen wurde. Die Platzbefeuerung ging an, und urplötzlich wurde es hell.

Ehlert drehte noch eine Platzrunde, um die Landerichtung zu erkennen, dann setzte er zur Landung an. Als er nur noch 20 Meter hoch waren, huschte über seine Maschine ein riesiger schwarzer Schatten hinweg. Es war eine Ju 52, das Standardtransportflugzeug der Luftwaffe, die ebenfalls landen wollte. Der Pilot sah die kleine Maschine und zog in letzter Sekunde hoch. Ehlert stockte das Blut in den Adern. Dennoch konzentrierte er sich auf die Landung, die reibungslos vonstatten ging. Er rollte mit seiner kleinen Maschine, soweit es ging, um dem Flugbetrieb aus dem Weg zu gehen.

Als Ehlert und die beiden anderen ausgestiegen waren, wurden sie ausgesprochen unfreundlich empfangen. Man brachte die Männer zum Leiter der Flugzeugführerschule. Der behandelte die drei, als ob sie ein Verbrechen begangen hätten. Am nächsten Tag mussten sie mit der Bahn nach Werder fahren, das Flugzeug blieb in Kolberg. Gegen Ehlert wurde ein Kriegsgerichtsverfahren wegen verbotener Nachtlandung eröffnet, später zum Glück aber wieder eingestellt, als Ehlert an die Front musste.

Die Zeit an der Kriegsschule in Werder war wesentlich vom Flugdienst ausgefüllt. Die Vorbereitung zur Offizierslaufbahn beschränkte sich auf unwichtige Benimmregeln. Kriegsschulkommandeur Graf Luckner, ein Vetter des berühmten »Seeteufels«, der im Ersten Weltkrieg durch seine extravagante Seekriegsführung berühmt geworden war, zeigte den jungen Offizieren, wie ein zeremonielles Galadiner zu bewältigen war. Der Aufsichtsoffizier unterwies sie auch darin, wie eine korrekte Vorstellung abzulaufen hatte. Seine junge Frau half ihm dabei. Während vor Moskau gestorben wurde, übten die jungen deutschen Piloten in der Ausbildung an ihr den richtigen Handkuss. Ehlert und seine Kameraden bekamen sogar Unterricht im Säbelfechten, hatten aber nie Gelegenheit, ihre Fähigkeiten im Ernstfall zu beweisen.

So verstrichen die Wochen und Monate, ohne dass die Piloten je einen Feind zu Gesicht bekommen hätten. Ein Übungsflug nach dem anderen war zu absolvieren. Es dauerte seine Zeit, bis Ehlert schließlich an sein eigentliches Einsatzgebiet, die Fernaufklärung, herangeführt wurde. Bei dieser Zusatzausbildung ging es hauptsächlich darum, richtig zu fotografieren. Die Fernaufklärer flogen auf Tiefflugstrecken die Elbe entlang, und die Kamera war im richtigen Augenblick auszulösen. Auch musste Ehlert lernen, die Fotografien auszuwerten.

Wozu eigentlich, fragt er sich jetzt. Das haben doch immer nur die Spezialisten gemacht. Wir Piloten eigentlich nie.

Nach Abschluss dieser Ausbildung wurde wieder sortiert: Die meisten wurden Tagfernaufklärer, bessere

Piloten Seeaufklärer, die besten aber Nachtfernaufklärer. Ehlert war eigentlich kein Streber, aber mathematisch begabt. Vielleicht lag es daran, dass er zur letzten Gruppe versetzt wurde. Noch einmal durchlief er eine aufwändige Ausbildung, diesmal bei der 4. Nachtfernaufklärungsgruppe. Diese lag, als Ehlert zur Ausbildung dort ankam, bei einem Dorf nahe Brieg in Schlesien. Nicht weit davon entfernt hatte Friedrich II. seine erste Schlacht geschlagen.

Dort wurde jetzt ausschließlich nachts geflogen. Das war, so erinnert sich Ehlert, viel spannender als am Tag. Grundsätzlich hatten die Nachtpiloten zwei Möglichkeiten der Orientierung: Wenn es hell genug war, flogen die Aufklärer in niedriger Höhe, bis 400 Meter, nach Straßen, Eisenbahnen – eben so wie an jenem Tag, an dem sie abgeschossen wurden und der Professor und Schlotter starben. Die zweite Möglichkeit: Sie flogen mit Funk. Deutschland hatte ein Netz von Funkfeuern, die weibliche Vornamen mit vier Buchstaben ausstrahlten. Ilse, Inge, Anna - alles im Morsealphabet.

Die Ausbildung konzentrierte sich auf zwei Bereiche: Auf die Augenaufklärung und das Fotografieren mit Blitzlicht. Zum Abschluss der Ausbildung mussten Ehlert und seine Kameraden sogenannte Nachtnavigationsflüge machen – der absolute Höhepunkt der Fliegerei. Beim Start wird so getan, als ob im Nebel gestartet würde, dann steigt man auf 3000 Meter, fliegt vier Stunden über Polen, ändert alle zehn Minuten den Kurs, und man weiß trotzdem immer, wo man ist. Unterwegs werden Windbestimmung und Grundgeschwindigkeitskontrolle durchgeführt. Ein fremder Flugplatz wird angeflogen und dort wird im Blindlandeverfahren gelandet. Wenn ein Güterzug angetroffen wird, wird eine Leuchtkugel abgeschossen, um zu erkennen, was er geladen hat.

Nach diesem intensiven Training ging es für Ehlert im Herbst 1943 an die Front. Bei den Nachtfernaufklärern in Russland war für jeden Frontabschnitt – Nord, Mitte oder Süd – je eine Staffel zu 13 bis 15 Besatzungen vorgesehen. Ehlert landete bei der Heeresgruppe Mitte, dort, wo der Druck der Russen auf die deutsche Front oder das, was von ihr noch übrig war, am größten sein würde. Er flog Einsatz um Einsatz, auch dann, als sein Glaube an den Endsieg längst erloschen war. Bis zu jenem Tag, an dem er und seine Besatzung abgeschossen wurden, hat er wie eine Maschine funktioniert. Und jetzt, am 8. Mai 1945, dem Tag der deutschen Kapitulation, den er im Lager Jelabuga verbringt, weiß er, dass er viele Jahre seines Lebens verloren hat. Die lange Zeit der Ausbildung – für nichts und wieder nichts. Und was noch schwerer wiegt: Auch sein innerer Kompass zeigt keine Richtung mehr an. Wie wird es weitergehen? Wird er je die Heimat wiedersehen, jemals Riele wieder in den Armen halten?

VII. Eisige Hölle

Jelabuga, einen Tag nach Kriegsende. Das ganze Lager muss antreten. Die Russen teilen lautstark mit, dass der Krieg zu Ende ist. Ab sofort gelten neue Regeln: Auch die Offiziere der deutschen und japanischen Armee bis einschließlich Hauptmann müssen nun arbeiten. Und ab jetzt heißt es: weniger essen. Auch das äußere Bild, das die Gefangenen bisher abgaben, wird sich komplett ändern. Rangabzeichen, Uniformen, Auszeichnungen verschwinden. Die Gefangenen werden langsam eine einheitlich graue Masse, in der das Individuum ertrinkt.

Ehlert und seine Leutnants-Kameraden trifft es gleich zu Beginn mit harter Arbeit. Die wenigen Panjepferdchen zur Versorgung des Lagers sind im Winter an einer Seuche zugrundegegangen. Zugmaschinen oder Lkw hat die Front verschlungen. So werden jetzt die jungen deutschen Offiziere zum Zugvieh. Um 5 Uhr werden sie geweckt, holen Brot und warten auf den Abruf zur Morgensuppe. Zur Suppe schlagen sie sich die ganze Tagesration Brot in den Bauch, damit sie wenigstens einmal am Tag satt sind. An Kulturprogramm, Lesen und Bildung ist jetzt von Tag zu Tag weniger zu denken. Die Russen behandeln die Deutschen plötzlich nicht mehr als Kriegsgefangene, sondern als Sträflinge. Immer wieder müssen größere Kommandos abgestellt werden, um Arbeiten rund um das Lager zu verrichten. Viele arbeiten für einen Bau-Trust. Das zivile Personal, mit dem die deutschen Gefangenen es auf der Steinhalde, am Kalkofen und in der Ziegelei zu tun haben, besteht zum Großteil aus kurz zuvor entlassenen sowjetischen Strafgefangenen. Im Umgang mit ihnen lernen die Deutschen, ein unzulängliches, aber brauchbares Russisch. Nackt stehen sie unter Nackten – nicht nur bei der allmonatlich veranstalteten »Fleischbeschau« vor der Kommission zur Feststellung der Arbeitstauglichkeit, bestehend aus dem sowjetischen Lagerkommandanten, seinem Stellvertreter und einer Ärztin des NKWD. Letztere zwickt einen Gefangenen nach dem andern gelangweilt in den Hintern, um mit geübtem Griff zu ermitteln, für welche Kategorie von Arbeit er zu verwenden ist – eine zutiefst demütigende Prozedur, die Ehlert an Sklavenmärkte längst vergangener Jahrtausende erinnert.

In Jelabuga sinkt die Stimmung bei den Gefangenen und bei den Wachen gleichermaßen von Woche zu Woche. Und doch, es geht noch viel schlimmer. Im November 1945 wird der ausgemergelte, selbst bei noch milden Herbsttemperaturen vor Kälte zitternde ehemalige deutsche Pilot in das Waldlager Bolschoi Bor verlegt. Dort soll er mit anderen Gefangenen Bäume fällen und transportieren. Das Lager liegt mitten im Wald. Es gibt keinen Tropfen Wasser in der näheren Umgebung. Das Wasser für die täglichen Suppen wird von einer Schlittenbesatzung aus dem dreieinhalb Kilometer entfernten Dorf geholt. Dort ist eine Quelle. Zweimal am Tag muss gefahren werden.

In der Natur draußen ist es inzwischen schon empfindlich kalt geworden. Der erste Schnee fällt. Ehlert und seine Mitgefangenen waten durch Matsch und Schlamm und sind froh, wenn sie in ihren notdürftig beheizten Erdbunkern verschwinden können. Unten ist es jetzt schon viel wärmer als draußen im Freien. Der einbrechende russische Winter erschwert natürlich die Arbeit. Das Holz, das sie transportieren müssen, ist voller Schnee und vereist. Da kommt es mitunter schon vor, dass einem der Stamm aus den Händen gleitet und dem Nebenmann auf die Beine fällt. Ein Schreien, Schimpfen und Fluchen ist dann zu hören.

Das Entgleiten eines vereisten Holzstammes ist auch der Grund für den tödlichen Absturz eines Kameraden in eine Schlucht. Der Tote wird nie mehr gefunden. In Ehlerts Lager sterben während der nächsten Wochen einige Kameraden durch schwere Krankheiten und Unterernährung. Weil es keinen Friedhof gibt, legt man die Toten einfach im Wald neben dem Lager ab. Kein Kreuz, kein noch so bescheidenes Zeichen, markiert ihr kaltes Grab. Der Schnee, der täglich immer höher liegt, deckt die Toten zu und lässt sie unauffindbar werden. Als sich eines Tages eine russische Kommission anmeldet, die erfassen soll, wie viele deutsche Gefangene gestorben sind, heben die Wachen eiligst mehrere Gruben aus, füllen sie mit Steinen und werfen Schnee und Erde darauf. Wenn es um Falschmeldungen an die vorgesetzten Stellen geht, um Defizite zu verbergen, entwickeln die Russen sehr viel Fantasie.

Tag für Tag gehen Ehlert und seine Kameraden hungrig und matt der Holzarbeit nach. Bei Schnee und Eis werden die Holzstämme mit Schlitten transportiert, sonst mit zweirädrigen Karren. Sechs Mann ziehen, einer geht neben dem Schlitten, um das Kippen zu verhindern. In das Lager kommen immer mehr politische Gefangene. Die rund 200 Mann gliedern sich in verschiedene

Gruppen, denen es ganz unterschiedlich ergeht. Neben der Lagerleitung und den wenigen Ärzten können es sich die Küchenbesatzung und die Handwerker, die die Sägen und Beile schärfen, einigermaßen erträglich einrichten. 15 Mann fällen die Bäume. Auch sie genießen gewisse Privilegien. Und dann gibt es noch den großen, großen Haufen der Bedauernswerten, die die Schlitten ziehen müssen. Zu ihnen gehört Ehlert. Die meisten von ihnen wohnen in einem Erdbunker, der zwei Eingänge hat. Zwei kleine Öfen sorgen für das bisschen Wärme, das die Gefangenen gerade so am Leben erhält. Dunkel ist es in den Bunkern, schummrig auch am Tag. Die russischen Wachmannschaften wohnen außerhalb des Lagers. Doch für die jungen Menschen ist die Einsamkeit, in der sie am Rande des Waldlagers leben, auch eine Strafe.

Morgens wartet Ehlert mit den anderen darauf, dass die Schlittenkommandos aufgerufen werden. Noch ist es finster, nur der Schnee leuchtet ein wenig, wenn sie ihre Schlitten holen und sich auf der Lagerstraße fertigmachen. Die Männer überprüfen die selbstgebauten Zugvorrichtungen. Ein knappes Drittel der Schlitten hat gute Zugvorrichtungen mit Seilen und Hanfschlaufen zum Ziehen. An den anderen ist lediglich ein Zugdraht angebracht. Natürlich kann man an dem Draht nicht ziehen, ohne sich zu verletzen. Deshalb sind an dem Draht Knüppel befestigt. Auf den Seiten eines Knüppels ziehen zwei gleich große Männer, den Knüppel vor sich zwischen Leiste und Bauchnabel. Jeder Gefangene hat zusätzlich einen sogenannten »Beißer« dabei, ein 1,70 Meter langes Holz, das aussieht wie eine Brechstange. Damit werden die Baumstämme bewegt. Bis der Schlittenverband marschfertig ist, sind die Männer zum Warten gezwungen. In dieser Phase spüren sie die beißende Kälte, die jedes Gespräch unmöglich macht, am deutlichsten. Wenigstens hat Ehlert mittlerweile ein Paar abgetragene und geflickte Filzstiefel der Roten Armee ergattert. Mit den Halbschuhen, die ihm der Sibirier in der Kommandantur nach seiner Gefangennahme verpasst hatte, würde er sich hier schnell schlimmste Erfrierungen holen – so wie viele seiner Kameraden aus dem Heer. Manche von ihnen tragen immer noch die verfluchten Kommissstiefel aus Leder, denen sie so manche Erfrierung im Kriegswinter verdanken.

Mit der Morgendämmerung setzt sich der Konvoi aus Schlitten in Bewegung. In den Tagen, an denen der Buran pfeift, der russische Wintersturm, und den Schnee in einem wehenden Staubmeer vor sich hertreibt, sieht man oft nur noch die Köpfe der Gefangenen. Zwar sind sie bis zur Unkenntlichkeit vermummt, tragen selbstgemachte Nasenschützer, und trotzdem erfrieren noch freie oder schwach geschützte Stellen des Gesichtes oder die Hände. Da hilft nur Einreiben mit Schnee, weiß Ehlert.

Oft liegt das Holz, das die Baumfäller tags zuvor geschlagen haben, abseits des Weges. Es ist natürlich nicht gestapelt, sodass die Fuhrtrupps es unter Schnee und Eis erst suchen müssen. Dann müssen sie die zwei Meter langen Stämme aus dem tiefen Schnee herausbuddeln. Das gibt noch einmal gefährlich kalte Hände. Doch die Tagesnorm ist ein Festmeter, den sie laden müssen, also um die 800 Kilo. Pro Mann bedeutet das gut 100 Kilo Zuglast. Der Rückweg kostet Zeit und Kraft. Keine der Strecken ist eben, Höhen und Mulden sind zu überwinden, Schneeverwehungen machen zu schaffen, Ladungen verrutschen, Schlitten stürzen um. Für einen wohlgenährten Soldaten sind Tagesmärsche von bis zu 30 Kilometern kein Problem. Er hat seine Verpflegung im Brotbeutel und Tee in der Feldflasche, die Feldküche versorgt ihn mit nahrhaftem Eintopf. Doch auch der abgehärtetste Wanderer wird einen solchen Tag nicht ohne Rast und im Winter ohne Einkehr hinter sich bringen.

Und Ehlert? Keiner aus den Reihen des Zugviehs hat sein normales Körpergewicht, auch nicht der Pilot. Aus der Lagerküche bedienen sich erst einmal die sowjetischen Funktionäre, dann die Emigranten, Altkommunisten aus Deutschland, die die Gefangenen vom Nationalsozialismus befreien sollen und mit doppelten Essensrationen in die Antifa locken. Lagerleitung, Kulturbrigade, Küchen- und Speisesaalposten, Brotschneider, Bäcker, Klempner, Schlosser, Friseure, Sanitäter, Ärzte – alle bedienen sich aus der Lagerverpflegung auf Kosten der übrigen Gefangenen.

Eines Abends soll eine der Schlittenbesatzungen Langholz zu einer Schiffswerft bringen. Auf dem Schlitten liegt ein zwölf Meter langer, gewaltiger Baumstamm, dessen Ende ganz hinten auf einem kleineren Schlitten gelagert ist. Es herrscht dichtestes Schneetreiben. Dennoch müssen Ehlert und mit ihm 13 Mann hinaus in die tödliche Kälte. Im Wald ist es noch ziemlich windstill. Sobald die Männer aber auf die Felder kommen, wird das Schneetreiben zum Sturm. Die Schneeflocken treffen die Männer wie Nadeln ins Gesicht. Doch das sind sie ja schon gewohnt. Das wirklich Schlimme an diesem Transport aber ist, dass durch den Sturm der Weg zugeweht und nicht mehr zu erkennen ist. Der Dämmerung folgt in Minutenschnelle schwarzes Dunkel. Drei Kilometer ziehen die Männer den Baumstamm durch tiefsten Schnee. Immer wieder brechen sie bis zu den Hüften in Verwehungen ein – eine übermäßige Kraftanstrengung für die Unterernährten, die manchem Tränen der Wut und der Verzweiflung in die Augen treibt. Und irgendwann brechen zwei der Gefangen zusammen, lassen sich auch durch gutes Zureden nicht mehr dazu bewegen, sich nochmals zu erheben und ihre letzte Kraft für den Baumtransport einzusetzen. Ehlert und die anderen müssen sie zurücklassen, um sich nicht selbst in Lebensgefahr zu bringen. Auf dem Rückweg wollen sie die Männer wieder auflesen. Doch der Rückweg wird zum Trauermarsch. Die beiden Verlorenen bleiben verschollen für immer. Nachts kehren die völlig Erschöpften auf ihre Pritschen in den leicht geheizten Kellern zurück. Und alle wissen: Würden ihre Bewacher sie jetzt in die Freiheit entlassen, sie würden darum betteln, im Lager bleiben zu dürfen.

Dann kommt wieder ein Weihnachten, eines, das nichts mehr zu tun hat mit dem wunderbaren Fest in Jelabuga. Die Kriegsgefangenen merken kaum etwas davon. Zwar wissen alle, dass Heiligabend ist, aber die Stimmung ist dennoch gedrückt. Ehlert liegt bei den Kameraden im schlecht geheizten Erdbunker und ihm kommen allerhand Gedanken: Soll er ein paar Worte sagen zu diesem Tag? Soll er einfach »Stille Nacht, heilige Nacht …« anstimmen? Die Kameraden würden sicher mitsingen, wenn auch anfangs nur zaghaft. Aber er hat keinen Mut mehr.

Woche für Woche im neuen Jahr 1946 vergeht. Hinaus in den Wald, arbeiten, Essen fassen, schlafen. Immer der gleiche Rhythmus des Gefangenenlebens, begleitet von Hunger und Niedergeschlagenheit, die für manche durch die erste Post von zu Hause für kurze Zeit gelindert wird. Doch der tödliche Rhythmus holt alle schnell wieder ein.

Ehlert hofft diesen dauernden Druck durch eine kurze Pause, ein bisschen Ferien von der Arbeit im Wald, loswerden zu können. Wenn er nur eine Tätigkeit im Lager bekommen könnte! Wenn er nur wegen seines Gesundheitszustandes einige Zeit einfachere Arbeiten verrichten dürfte. Aber wie könnte das geschehen? Er entwickelt eine Idee. Die Zeit für das, was er schon Tage zuvor geplant hat, schein jetzt günstig zu sein. Er und seine Kameraden legen an diesem Tag zum letzten Mal das Holz auf den Schlitten ab, und da der Rückmarsch ohne Schneesturm und bei relativ milden Temperaturen vonstatten geht, erreichen sie das Lager recht früh und damit auch ihr Schichtende. Ehlert weiß, das ist der einzige Zeitpunkt, um unbemerkt handeln zu können. So lässt er seine Kameraden vor dem Lagertor langsam an sich vorbeiziehen, wobei er vortäuscht, ein wenig auszuruhen.

Nach wenigen Minuten ist er plötzlich mutterseelenallein. Er sucht nach dem scharfkantigen Stein, den er sich seit Tagen am Straßenrand zurechtgelegt hat und buddelt ihn aus dem Schnee. Er ist fest entschlossen und tut es tatsächlich: Mit voller Wucht lässt er den Stein auf seinen Fuß niederkrachen. Er könnte brüllen, beißt sich aber auf die Zunge. Der Schmerz treibt ihm Tränen in die Augen. Zwei-, dreimal lässt er den Stein auf seinen Fuß fallen, schließlich soll ihn die Verletzung ein paar Tage ins Krankenrevier bringen. Doch plötzlich kommen ihm

Bedenken, ob es recht ist, was er da versucht. Zunächst sind es weniger moralische Bedenken als die Überlegung, was passieren könnte, wenn die Russen ihm die Geschichte mit dem Unfall nicht abnehmen würden. Wurden schon bei der Wehrmacht während des Krieges Soldaten wegen Selbstverstümmelung erschossen, so kann man hier die Folgen gar nicht absehen. Er legt den Stein beiseite. Bedrückt rafft er sich auf und humpelt unter starken Schmerzen dem Lagertor zu. Dort stellt er mit Erstaunen fest, dass kein Wachposten ihn erwartet. Und auch in seinem Erdkeller wartet niemand auf ihn. Alle haben sich längst hingelegt und schlafen tief und fest. Er legt sich auf seine Pritsche, und alles um ihn herum ist friedlich. Sein Fuß pocht ein wenig, lässt sich aber gut bewegen. Es scheint nichts gebrochen zu sein. Der nachlassende Schmerz und die Wärme der schlafenden Kameraden wecken in Ehlert ein herrlich beglückendes Gefühl, und er ist dankbar dafür, dass er sein Vorhaben doch nicht vollendet hat.

Wenn nicht gearbeitet wird, liegen die Männer tagaus, tagein eng zusammen in ihren Erdbunkern. Die doppelstöckigen Pritschen haben Abschnitte, auf denen sieben Mann nebeneinanderliegen müssen, und zwar so eng, dass alle nur wie Kaffeelöffel auf der Seite liegen können. Wenn sich auch nur einer umdrehen will, weckt er die sechs anderen. Da der Abstand der Pritschen zur Wand lediglich 50 Zentimeter beträgt, können sich von den sieben Mann oben und von den sieben unten insgesamt nur drei im Stehen an- und ausziehen. Die anderen müssen das im Sitzen oder Liegen erledigen. Mit zu den schlimmsten Belastungen, denen die Gefangenen ausgesetzt sind, zählt die Tatsache, dass sie im Lager niemals für sich allein sein können, selbst bei Verrichtungen denkbar privatester Dinge. Dies mag auch der Grund dafür sein, dass die, die überleben, später alle größeren Menschenansammlungen meiden werden. Andererseits, das fühlt Ehlert in diesen Tagen, hat das erzwungene hautnahe Zusammenleben nicht nur negative Seiten. Man lernt, toleranter zu sein, Rücksicht zu nehmen, sich über jegliche Art von Äußerlichkeiten hinwegzusetzen. Ehlert übt sich in Konzentration nach innen. Der junge Pilot, der im Waldlager um Jahre gealtert ist, muss im Alltag des Lagers viele menschliche Unzulänglichkeiten erleben. Viel Schäbiges kommt da zutage, bis hin zur gemeinsten Niedertracht. Es gibt Diebstähle und Intrigen, es gibt Denunziantentum. Die russische Lagerleitung verkauft Teile der Verpflegung, Bekleidung und Schuhe an die Zivilbevölkerung, die in diesem Winter fast so leidet wie die deutschen Gefangenen. Durch Unterernährung sind nach einem halben Jahr von 500 Gefangenen nur noch 110 arbeitsfähig.

Ehlert spürt bei den Russen eine neue Einstellung gegenüber den Deutschen: Die Gefangenen sollen in der Sowjetunion das aufbauen, was sie zerstört haben. Und er kann beobachten, dass die ehemaligen Mitglieder des Nationalkomitees, das bereits im Herbst 1945 aufgelöst worden ist, wiederum versuchen, ihr Fähnlein in den Wind zu hängen. Viele von denen, die monatelang Vergünstigungen für ihre angebliche politische Läuterung erhalten haben, wollen jetzt nichts mehr davon wissen.

»So gut war das auch nicht, ich bin da so reingerasselt, eigentlich war das Schwachsinn, kaum zu fassen, dass ich da mitgemacht habe.« Sätze wie diese sind an allen Ecken und Enden des Lagers zu hören. Die, die standhaft geblieben sind und ihre Seele nicht verkauft haben, begleiten das Sichreinwaschen grinsend.

Es dürfte Ende April, Anfang Mai 1947 sein, als Ehlert mit einem Großteil des Waldlagers Bolschoi Bor nach Seloni-Dolsk in ein Hauptlager in der Nähe von Kasan verlegt wird. Wie er sind die meisten der Kameraden zu geschwächt, um weiter die schwere Waldarbeit durchstehen zu können.

Schon in den ersten Tagen müssen sich die Männer beim Antreten jeden Morgen Ansprachen anhören, nach denen es nun in der Sowjetunion wieder richtig aufwärtsgehe, dass Hitlerdeutschland für alle Zeit am Boden liege und dass die deutschen Kriegsgefangenen Aufbauarbeiten leisten müssten. Alle kämen bald nach Hause, sie müssten nur fleißig arbeiten.

Zwei Tage dauern dann die Feierlichkeiten zum Kapitulationstag am 8. Mai. Beim Bekleidungsappell ein paar Tage später fällt den Russen Ehlerts schlechtes Schuhwerk auf. Die alten russischen Filzstiefel sind nur noch Fetzen. Die Zehen, um die nur ein paar Fußlappen gewickelt sind, haben schon schmerzende, geplatzte Blasen. Er bekommt seltsame Segeltuch-Holzschuhe: Ein ovales Brett, auf dem rundherum Segeltuch genagelt ist. Mit denen tappt er nun monatelang alle Tage zur Arbeit und wohin man halt sonst gehen muss. Nur zum Schlafen kommt das Schuhwerk von den Füßen. Nur gut, dass es zum Steinbruch, in dem er jetzt arbeiten muss, nicht weit ist, und mit der Zeit gewöhnt er sich an die Schuhe. Er tröstet sich damit, dass auch andere in solchen Latschen stecken.

Das Schlimmste aber kommt gleich am zweiten Tag. Die Männer müssen zum Gemeinschaftsbad durch die

Stadt marschieren. Eineinhalb Stunden sind sie unterwegs. Da quälen ihn die Bretter dermaßen, dass er glaubt, barfuß besser laufen zu können. An einer Stelle ist sein Fuß wund, als sie endlich die Stadt sehen. Im Bad treffen sie dann auf eine Menge deutscher Gefangener aus anderen Lagern. Vor dem Duschen werden den Männern alle Haare vom Körper rasiert. Diesmal ist das verwendete Rasiermesser zum Glück nicht mehr so stumpf wie bei den ersten Malen. Aber wieder stehen sie nackt vor uniformierten russischen Frauen. Die erste pinselt mit etwas Wasser über die Brust nach unten. Neben ihr sitzen vier Weiber mit Rasiermessern, die den Gefangenen die Haare herausreißen und abrasieren. Nur der Bart bleibt stehen. Es ist die reinste Quälerei. Von einer Ärztin werden die Männer dann wie immer in den Hintern gezwickt – die alte Methode, um festzustellen, wer noch ein bisschen Fleisch auf den Knochen hat.

Alle sind sie natürlich arbeitsfähig. Die Verpflegung hier ist etwas besser als im Waldlager. Zwei deutsche Köche sind im Einsatz. Die beiden machen jeden Tag das Beste aus 600 Gramm Brot und dreimal einem halben Liter Suppe. Auch mittags bekommen Ehlert und seine Kameraden jetzt Suppe im Lager, dazu sogar zweimal Brei. Und igendwann kommt sogar ein richtiger Feiertag für die Gefangenen: An einem Freitag werden an jeden ein paar Brocken amerikanisches Büchsenfleisch ausgegeben. Die Grundstoffe für das Essen in Seloni-Dolsk bleiben allerdings die gleichen wie im Waldlager: Kraut, Kartoffeln, Mehl, Hirse, Grütze, Hafer oder Buchweizen, dazu noch etwas Fett oder Öl. Da man in der Suppe aber höchstens ein paar Fettaugen sieht, befehlen die Russen, das Fett oder Öl jeder Portion extra zuzuteilen. Mit einem Fingerhut am Stiel bekommt nun jeder auch sein Maßlo (Fett) auf die Suppe.

Man spürt es beim Essen: Die Lage für die deutschen Gefangenen entspannt sich ein wenig. Die Sterblichkeit geht in diesen Tagen deutlich zurück, und Ehlert nimmt sogar ein paar Gramm zu. Anfangs gibt es abends das Brot in einer Portion, doch manche Raucher tauschen ihre halbe Brotration mit einem Nichtraucher gegen dessen Tabakzuteilung, die hier auch zur Verpflegung gehört. Das merken auch bald die Lagerleitung und die Russen. Ein schwacher Mann wird daraufhin zum Brotschneiden eingeteilt. Er muss für jeden Gefangenen genau 200 Gramm Brot pro Mahlzeit ausgeben, und es muss zur Suppe gegessen werden. Solange das beaufsichtigt wird, geht alles es gut, aber als die Überwachung wegfällt, beginnt sofort wieder der Brot-Tabak-Handel.

So hat auch Ehlert oft 200 Gramm Brot mehr, und das macht sich bemerkbar. Wenn das so regelmäßig liefe mit dem Essen, dann wäre es schon erträglich, obwohl man nach den Mahlzeiten immer noch Hunger hat, denkt Ehlert. Er kann sich eigentlich nicht richtig erklären, warum er nach dem Essen immer noch Hunger hat, aber es ist wirklich so. Das Essen sättigt einfach nicht genug. Und bei der Regelmäßigkeit bleibt es auch nicht. Oft gibt es ein, zwei Tage nichts als Tee oder Brot oder Suppe, je nachdem, was eben ankommt. So auch an Weihnachten 1947. Es herrscht saukaltes Wetter, es gibt kein Brot, nur eine ganz dünne Suppe. Beim Zählapell am Abend sagt der russische Lagerleiter: »*Saftra budit cleb*« (Morgen wird sein Brot). Aber es kommt fünf Tage lang kein Brot. Am zweiten Tag sagt der deutsche Lagerleiter: »Heute ist Heiliger Abend, und wir gehen alle in den Speiseraum.« Dort haben etwa 200 Mann stehend Platz, die anderen stehen im Gang der großen Baracke. Der Lagerleiter hält eine kurze Ansprache, es ist mucksmäuschenstill und ernst im Raum. Dann wird das Lied »Stille Nacht, heilige Nacht« angestimmt. Alle singen sofort mit, doch bei den Silben »alles schläft, einsam wacht« versagen viele Männerstimmen, und die Tränen fließen. Bei vielen sind es die ersten Tränen in der Gefangenschaft. Nun wird das Lied mit halb unterdrückter Stimme zu Ende gesungen. Das war eine der Weihnachtsfeiern, an die sich Ehlert immer erinnern wird. Dabei lässt sich aber kein einziger Russe sehen. An diesem Abend gibt es dann nur Tee, genau wie am Weihnachtsmorgen, wieder Tee ohne Brot – dann ab in den Steinbruch.

Ein Tag ist hier wie der andere. Als sie aus dem Lager marschieren, bitten die Köche die Männer darum, Holzabfälle mitzubringen. Sie hätten kein Holz mehr zum Feuern. Doch die Gefangenen haben in den letzten Tagen schon alles mitgenommen, was locker war, und an diesem Tag gibt es fast kein Holz mehr. Die Russen wissen das, aber sie tun nichts dagegen. Ihnen ist klar, dass die Gefangenen in diesen Tagen Weihnachten feiern, das Leben machen sie ihnen deshalb aber nicht leichter. Am 2. Weihnachtsfeiertag, von dem die Gefangen eigentlich gar nichts merken, spricht einer davon, dass wieder Lebensmittel angekommen seien, aber die Köche hätten kein Holz mehr zum Kochen. Der Wald ist nur einen Kilometer entfernt, aber die Russen sagen, sie hätten keine Genehmigung, dort Holz zu holen. Es sei unter schwerer Strafe verboten, dort Holz zu schlagen. Als es aber dunkel wird, kommen zwei russische Posten in die

Baracke und suchen den deutschen Lagerältesten. Er soll 30 Mann abstellen, um jetzt doch Holz zu holen. Nach einer guten Stunde kommen die Männer wieder ins Lager zurück, jeder bepackt mit einem Balken. Manchmal schleppen auch zwei Mann ein schweres Stück. Das Holz muss gleich geschnitten und gehackt werden. Da die Küche nur über eine Säge und eine Axt verfügt, dauert es bis zum Morgen, bis das Holz aufgerichtet ist.

Die Wachposten hatten mit den 30 Mann ein ganzes Bahnwärterhäuschen von der Bahnlinie weit draußen als Ganzes weggetragen und dann zerlegt ins Lager gebracht. Die Köche loben das trockene Holz sehr. Denn es brennt wie Zunder. Da gibt es in der Frühe schon Suppe und Brei. Das Brot aus der Fabrik kommt dagegen erst am fünften Tag. Da gibt es gleich für jeden Gefangenen ein ganzes Kastenbrot, und so mancher verschlingt es auf einen Sitz, bis der Magen schmerzt.

Von Seloni-Dolsk bei Kasan geht es für Ehlert nach ein paar Monaten nach Saporosche. Das wird sich als Glücksfall herausstellen. Saporosche ist nach Jelabuga das beste Lager seiner Gefangenschaftszeit. Das liegt an der Menschlichkeit der russischen Lagerleitung. Politik spielt kaum eine Rolle. Besonders das letzte Jahr 1949 ist für die Gefangenen durchaus erträglich. Viele haben inzwischen ihr Normalgewicht, können Post empfangen, schreiben, so viel sie wollen, und sich Päckchen schicken lassen.

Nur um Gerhard Ehlert bleibt es still. Lange hat er nichts mehr von Zuhause, von Riele gehört. Er lenkt sich mit Kulturveranstaltungen ab. Mit dem russischen Kulturoffizier haben die Männer das große Los gezogen. Er verlangt an jedem Sonntag eine Kulturveranstaltung von der Schauspielgruppe, dem Chor und dem Orchester. »Aber nur, wenn nicht gearbeitet wird.«

Und so beratschlagen die Gefangenen, was sie im nächsten halben Jahr machen wollen. Ehlert spielt im Orchester mit – als Einziger die 3. Geige, denn Bratschen gibt es nicht. Mit von der Partie sind einige Berufsmusiker, insgesamt sind sie 15 Mann. Unter den Mitspielern ist ein begnadeter Musiker, Heinz Zander, Jahrgang 1925, Musikstudent aus Köln. Er spielt Cello und Klavier, hin und wieder auch Ziehharmonika. Der Leiter des kleinen Orchesters ist Walter Heier aus Leipzig, 35 Jahre alt, Musikmeister, Bester seines Jahrgangs, der an der renommierten Musikhochschule Berlin studieren durfte. Er hat das absolute Gehör und kann Musikstücke aus dem Gedächtnis in Noten setzen. Das ist wichtig, da es keine Originalnoten gibt. Heier schreibt am Tisch, ohne Hilfe des Klaviers. Er liefert eine große Bandbreite von Schlagern, Unterhaltungsmusik bis hin zur 7. Sinfonie von Beethoven. Unter den Musikern ist auch der Solopianist des Senders Leipzig, der noch das 1. Klavierkonzert von Beethoven auswendig kann. Heier schreibt hierzu die Orchesterstimmen – und es wird tatsächlich aufgeführt.

Der größte Teil der Offiziere, die der Kulturgruppe angehören, wohnt in einer Stube, der Kulturstube. Die Stubenbewohner bleiben alle bis zur Auflösung des Lagers 1949 zusammen. Alle anderen Stuben werden im Jahr etwa viermal neu gemischt, um ja keine Verschwörungscliquen entstehen zu lassen. In der Kulturstube ist auch Wolfgang Buddenberg, 36 Jahre alt, Amtsrichter aus Westfalen, ein kleiner, schmächtiger, humorbegabter Mensch. Er wird später Bundesrichter werden. Zur

Unterhaltung trägt er viel mit Sketchen bei. Sein großer Wurf ist das Libretto für eine Operette »Die Perlen der Kleopatra«. Die Musik komponiert Heinz Zander. Ehlert schaut ihm des Öfteren über die Schulter. Er schreibt am Tisch mit einer wahnwitzigen Geschwindigkeit. Die anderen Musiker schreiben aus seiner Partitur die Stimmen ab: Alles stimmt. Als Papier benutzen sie die zwei inneren Lagen der vierlagigen Zementsäcke – die inneren und äußeren Lagen sind zu schmutzig. Die Männer müssen unentwegt Notenlinien ziehen und Violinschlüssel zeichnen.

»Die Perlen der Kleopatra« wird ein großer Erfolg und mehrfach im Klub aufgeführt. Außerdem spielt das Orchester die Operette »Maske in Blau«. Mit noch drei weiteren Musikern gründet Ehlert ein Streichquartett. Sie üben ein Jahr lang und veranstalten dann einen Quartettabend, den sie »eine kleine Nachtmusik« nennen. Ein großes Plakat kündigt ihn an. Der Klub ist zur Aufführung natürlich rappelvoll. Das Streichquartett spielt acht kurze Stücke, darunter eine Komposition von Ehlert, die er 1944 in der Adventszeit niedergeschrieben hat. Zwischen den Musikstücken spricht Hans Korte, Kaufmann aus Hamburg, passende Gedichte.

Neben kleineren Arbeitseinsätzen ist Ehlert in diesen Wochen auf drei Arbeitsstellen beschäftigt: in einer Ziegelei, einer Ölmühle und auf der Baustelle eines Theaters. Dort passiert ihm im September 1949 beim Betonieren einer Decke ein Unfall. Er fährt eine Schubkarre voll Beton, kommt an den Rand, die Karre kippt und schlägt mit einem Holm an seinen Körper. Er stürzt in die Tiefe und schlägt mit dem hohlen Kreuz auf den Boden auf. Sein Freund Wigand Wüster schreit laut um

Hilfe. Ein Leiterwagen mit Pferd bringt Ehlert ins Lager zurück, wo ihn zwei Sanitäter festhalten müssen. Ohne die beiden sackt er sofort auf den Boden. Die russische Ärztin tastet sein Rückgrat ab, glaubt nichts festzustellen. Drei Jahre später wird bei einer Röntgenaufnahme festgestellt, dass ein Lendenwirbel gebrochen war, aber inzwischen fest verheilt ist. Daraufhin wird er zu 30 Prozent kriegsbeschädigt geschrieben. Tatsächlich aber ist er knapp an einer Querschnittslähmung vorbeigeschrammt.

Nach Soporosche ist Ehlert zusammen mit 500 anderen Offizieren gekommen – in ein Lager, das zuvor von deutschen Mannschaften belegt war. Bald merken die Russen, dass sie mit den Offizieren nicht so umspringen können. Zunächst monieren die neuen »Gäste«, dass in mehreren Stuben das Glas in den Fenstern fehlt. Dann wird verlangt, den ersten Arbeitsmonat ohne Normvorgabe zu arbeiten, weil sie das nicht kennen. Diese Aufmüpfigkeit missfällt der russischen Lagerleitung so sehr, dass sie den Sprecher der Deutschen, einen Rittmeister Eichhorn von der 24. Panzerdivision, in ein anderes Lager verlegen lassen. Sofort beginnt ein Arbeitsstreik, der so lange andauert, bis Eichhorn wieder da ist. Dieses Auftreten gefällt auch den Mannschaften, es macht Schule, sodass die Russen sich in manche Stuben nicht mehr hineintrauen.

Das Lager fasst in diesen Tagen mit den Offizieren 1500 Mann. Der deutsche Lagerleiter, ein Obergefreiter, der als Kommunist sogar in einem KZ gewesen ist, ist der einzige überzeugte Sozialist. Rund 100 andere reiten auf seiner politischen Welle. Sie werden Schreibkräfte, arbeiten in der Küche oder der Bäckerei. Der Rest stellt sich offen gegen das sozialistische Regime. Zur Strafe werden immer wieder Männer für längere Zeit in eine Strafbrigade gesteckt. Das bedeutet: auch jeden Sonntag arbeiten.

Die Zeit in Saporosche empfindet Ehlert dennoch als gar nicht so schlecht. Eine seiner Aufgaben ist es, in einer Ziegelei für den Nachschub an Lehm zu sorgen. Fünf Mann sind für eine Lore zuständig, die voll zu schaufeln und dann leicht bergab zu den Gruben zu fahren ist. Wenn in der Ziegelei die Produktion stockt, haben die Männer Ruhepause. Die Arbeit ist auch leicht von vier Mann zu schaffen, sodass immer einer Pause machen kann. Nach drei Monaten hat Ehlert Ruhe. Politik spielt nur mehr eine untergeordnete Rolle. Es werden auch keine Umerziehungsversuche mehr gemacht. Aber seine politische Akte hat sich doch gefüllt. Die Strafe dafür wird noch folgen.

VIII. Der Letzten einer

1949 ist in Saporoschje das Jahr der Entlassungen. Irgendwann werden die ersten Transporte nach Deutschland zusammengestellt – meist Schwerkranke, die fast alle mit der Trage abtransportiert und in die Waggons eingeladen werden. Von diesem Transport werden nur wenige die Heimat lebend sehen. Im Lager entwickelt sich zu dieser Zeit ein Markt für deutsche Wohnorte, eine Art Börse für die Heimat: Jeder, der entlassen werden will, muss eine Heimatadresse angeben. Doch nicht jeder kann das. Es gibt drei Gruppen, die keine Adresse haben. Die größte sind Gefangene, die in der inzwischen gegründeten DDR beheimatet waren, aber aufgrund ihrer Erfahrungen in der Sowjetunion in den Westen, also in die Bundesrepublik wollen. Die zweite Gruppe ist die der Ostpreußen, deren Heimat jetzt nicht mehr zu Deutschland gehört. Die kleinste Gruppe ist die der Westdeutschen, die sich während der Gefangenschaft zu stark im Nationalkomitee engagiert haben. Diese Männer wollen oder trauen sich nicht in ihre westdeutsche Heimat zurück. Allen ist eines gemeinsam: Sie brauchen dringend eine Heimatadresse. »Haben Sie nicht eine Tante oder sonst jemanden, zu dem ich fahren kann?«, ist eine häufig gestellte Frage. Und so manch einer bekommt auf diesem Markt eine ganz neue Familie.

Ehlert wird in diesen Tagen im November 1949 immer nervöser. Mittlerweile gehörte er zu den letzten

100 der ehemals 1500 im Lager Saporoschje. Jeden Tag kommt ein kleiner Russe mit einem Zettel aus einer Baracke und verliest ein paar Namen – Männer, die das Glück haben, ihre Siebensachen packen zu können. Mit dem Lkw werden sie zum Bahnhof gebracht. Oder die Namen derer, die zu 25 Jahren Zwangsarbeit verurteilt werden und von da ab nicht mehr Kriegsgefangene, sondern Kriegsverbrecher sind. Zwei von Ehlerts Stube bringen den Verurteilten täglich das Essen und schildern die Stimmung dieser Männer, die von Niedergeschlagenheit, völliger Gleichgültigkeit, Regungslosigkeit bis hin zum Galgenhumor reicht.

Jeden Tag werden ein gutes Dutzend Namen verlesen, manchmal auch mehr. Ehlerts Name ist nie dabei. Er versteht nicht, warum er nicht nach Hause darf. Längst sind seine Fliegerkollegen aufgerufen worden. Bomberpiloten, die doch viel mehr Unheil ins Feindesland getragen haben als er mit Kamera und Blitzgerät, sind längst auf der Heimreise. Jeden Tag werden es weniger Gefangene. Und Ehlert bekommt es mit der Angst zu tun. Ihn tröstet nur, dass sein bester Freund, eigentlich sein einziger, auch noch im Lager ist. Auch der Name von Wigand Wüster war bisher auf keiner Liste zu finden. Sie sind also noch zu zweit.

Sechs Wochen geht das so, sechs verdammt lange, nervenzerreißende Wochen. Sie bringen für ihn die größte psychische Belastung der gesamten Gefangenschaft. Bleibt er etwa für immer in Russland? Wird er die Heimat nie wiedersehen? Wie oft hat er sich diese Fragen schon gestellt. Nie aber haben sie ihn so gemartert wie jetzt. Und dann, zwei Tage vor Weihnachten, steht auch der Name von Wigand Wüster auf der Liste und sein eigner. Sie sind auf der Liste der Glücklichen. Leutnant Gerhard Ehlert hat zum ersten Mal in seinem Leben Tränen in den Augen.

Zur Heimreise wird er eingekleidet. Es gibt nagelneue Wehrmachtsjacken – natürlich ohne Rangabzeichen. Woher die Russen die wohl haben, vier Jahre nach dem Krieg? Egal! Es geht nach Hause. Doch vorher gibt es die üblichen Untersuchungen. Wieder einmal muss er zusammen mit anderen zwölf Mann splitternackt vor die russischen Ärztinnen und Ärzte treten. Sicher kein ästhetischer Anblick bei diesen ausgemergelten Körpern, denkt Ehlert und hofft in derselben Sekunde, dass niemand seine Gedanken gehört hat. Er will nicht noch in letzter Minute Ärger bekommen.

Dann werden sie zu der Stelle gebracht, wo der Transport zusammengestellt wird. Die beiden gehen gemeinsam mit den anderen Heimkehrern zum Bahnhof. Die Viehwaggons sind für die Männer gereinigt und mit Bänken bestückt worden – und sie bleiben zum ersten Mal unverschlossen. Da es kalt ist, steht in jedem Waggon ein Kanonenofen. In den werden zwei Meter lange Holzstämme geschoben. Da das Holz feucht ist, dauert es ewig, bis das Feuer brennt.

Die Heimkehrer haben nur einen Löffel aus Blech am Mann. Messer und Gabel sind verboten, das sind Waffen. Da die meisten aber Raucher sind, haben sie zumindest Streichhölzer einstecken. Es beginnt eine wilde Schnippelei, bis endlich ein Feuer zustandekommt. Vor der Abfahrt geht der russische Lagerkommandant noch durch alle Wagen, um sich nach dem Zustand der Leute zu erkundigen. In jedem Wagen wird gleich nach der Verladung ein Wagenältester bestimmt. Der muss dem

Lagerkommandanten, einem russischen Oberst, Meldung machen, ob alles in Ordnung ist. Der Kommandant geht von Waggon zu Waggon und an jedem Wagen wird ihm auch tatsächlich Meldung gemacht.

Dann rollen die Waggons und diesmal in die richtige Richtung: nach Westen. Beim Morgengrauen fährt der Zug ab. Die Männer können aussteigen, wenn der Zug steht. Auch an den Bahnhöfen dürfen sie den Zug verlassen. Einmal stehen sie zwei Tage auf einem Güterbahnhof. Einige Gefangene, die gut zu Fuß sind, gehen in eine Stadt auf den Basar, handeln und tauschen Kleidungsstücke gegen Lebensmittel. Ein Mann aus einem Waggon tauscht eine Wolldecke, die er anstelle eines Mantels erhalten hat, gegen Fressalien. Er holt sich dadurch eine Lungenentzündung, weil es ohne diese Decke halt doch noch zu kalt ist. Insgesamt sind die Männer für die Heimfahrt gut mit Kleidung versehen. Auch das Essen auf dem Transport ist gut und reichlich, sodass es um vieles besser auszuhalten ist als in jedem der Lager.

Brest-Litowsk ist die Grenzstation zwischen Russland und Polen. Ein letztes Mal beginnt eine große Filzerei. Fotos werden den Männern abgenommen, dafür werden Packungen mit Tee und Tabak verteilt. Jeder greift sich, was er in die Hände bekommt. Und dann gibt es tatsächlich nochmals eine »Vogelschau«: Arme hoch! Wieder machen die Russen Jagd auf die SS. Wigand Wüster fährt der Schrecken in die Glieder. Er hat seit frühester Kindheit eine Hautverfärbung. Am ganzen Körper zeigen sich weiße Flecken. Bei der Vogelschau wird er herausgewunken. Die Posten vermuten, er habe sich die SS-Tätowierung herausgeschnitten. Doch dann wird ein Arzt hinzugezogen. Der befreit Wüster von dem Verdacht. Der Schock sitzt so tief, dass Wigand in den nächsten Tagen kaum ansprechbar ist.

Langsam rollt der Zug schließlich weiter durch Polen, hält hier und da. Immer wieder kommen Polen an die Deutschen heran. Unübersehbar ist ihr Hass auf die Russen, die ihnen viel Land genommen und 1,5 Millionen von ihnen aus ihren angestammten Gebieten vertrieben haben. Nachts sprengen die Polen Schienen in die Luft.

Ehlert erinnert das an den Partisanenkrieg gegen die deutsche Wehrmacht. Er hat miterlebt, wie einmal auf einem polnischen Flugfeld eine ganze Besatzung von polnischen Heckenschützen beim Einsteigen in die Maschine erschossen wurde, ohne dass die Flugfeldsicherung etwas dagegen hat unternehmen können. Heckenschützen waren von da an gefürchtet. Und jetzt trauen sich die Russen nachts nicht in die polnischen Wälder. Die Sieger trauen den Siegern nicht.

Weiter geht es, bis endlich deutsches Gebiet erreicht ist. Der Zug fährt langsam, so langsam, dass Männer zum Betteln nebenherlaufen können. Sie fragen nach Zigaretten und Lebensmitteln. Doch die Heimkehrer haben selbst nur das, was sie am Leibe tragen. Und dann hören sie Stimmen, die sie bis ins Mark treffen. Zum ersten Mal seit Jahren hören sie deutsche Kinderstimmen. Wie fremd das doch klingt, denkt Ehlert.

In Frankfurt an der Oder werden für die Heimkehrer Reden gehalten. Alle müssen eine Resolution unterschreiben: »Nie wieder Krieg gegen die Sowjetunion!« Natürlich sind alle dafür. Ehlert schickt noch schnell ein Telegramm nach Hause, dass er unterwegs ist und wann er in etwa im Auffanglager Friedland eintreffen wird. Ab Frankfurt wird nur noch nachts gefahren. In Heiligenstadt rastet man unter dem Dach einer Schule. Wieder heißt es warten, bis es dunkel wird. Dann geht es mit dem Zug bis Arenshausen und von dort die drei Kilometer zu Fuß bis zur Zonengrenze, bei der Ehlert am späten Abend ankommt.

Es ist der Silvesterabend 1949. Die Zonengrenze verläuft am Eingang zum Gutshof von Besenhausen. Fünf Sowjetoffiziere stehen dort an der Straße, zehn Meter weiter fünf britische Offiziere. Erst als sie bei den Briten eintreffen, sind sie sicher, dass die Gefangenschaft beendet ist. Ein paar Meter weiter steht mitten auf der Straße eine hochgewachsene Nonne. Sie versucht, jedem der Heimkehrer die Hand zu schütteln. Es ist wie ein warmer Gruß aus dem Himmel, denkt sich Ehlert. Und das Glück will gar kein Ende nehmen. Fünfzig Meter weiter hinten auf der Straße steht die Heilsarmee. Die Männer bekommen einen Becher mit himmlischem warmem Kakao und ein belegtes Brötchen. Für die Russland-Heimkehrer sind das zwei völlig ungewohnte Nahrungsmittel. Das, so denkt sich Ehlert, ist also der Westen.

IX. Fremder in der Heimat

In Busse geht es weiter ins Auffanglager Friedland, und dort erlebt der junge Soldat, der sich nach fünf Jahren Gefangenschaft auf der Heimreise befindet, eine erste Enttäuschung: Niemand ist zur Begrüßung gekommen. Nicht die Eltern, nicht Riele, von der er schon lange nichts mehr gehört hat. Keiner ist gekommen, obwohl doch die Heimatstadt Göttingen fast um die Ecke liegt. Drei Männer sind es aus Göttingen, Wigand Wüster, Gerhard Ehlert und ein Unteroffizier. Dessen Frau ist mit einem Dreiradauto gekommen, um ihren Mann abzuholen. Unglaubliche Szenen des Wiedersehens spielen sich ab, die Ehlert traurig stimmen.

Nach einer kurzen Vorstellung, bei der man sich ein bisschen kennlernt und Vertrauen schöpft, bietet der Unteroffizier Ehlert an, ihn in dem kleinen Gefährt mitzunehmen. Und so starten die Göttinger auf drei Rädern in Richtung Heimat. Ehlert steigt hinten auf den offenen Kasten des Dreirades, Wüster fährt mit einem anderen Fahrzeug. Im Dorf Geismar, wo Ehlerts Eltern wohnen und nach dem Verlassen der Kaserne untergekommen sind, steigt er aus. Die letzten Meter will er zu Fuß gehen. Unterwegs trifft er auf ein paar Betrunkene, es ist ja schließlich Silvester.

Doch Ehlert ist in diesem Moment alles andere als nach Feiern zumute. Alle seine Gedanken kreisen um die Freiheit, auf die er so lange hat warten müssen.

Endlich kann er ohne Bewachung gehen, wohin er will. Er denkt mit Trauer an die, die zurückbleiben mussten. Wie könnte er da fröhlich sein. So betrachtet er mit einiger Verwunderung die Betrunkenen. Dann betritt er ein fremdes Haus, in dem er nun leben soll. Endlich frei! Die Gefangenschaft ist zu Ende. Und doch befällt Ehlert in dieser Minute auch so etwas wie Wehmut. Nie wieder wird er Gelegenheit haben, Menschen bis in die tiefste Niederung ihrer Seele zu blicken. Nie wieder wird diese Bandbreite an Menschen aller Gesellschaftsschichten kennenlernen, die ihren großartigen oder erbärmlichen Charakter offenbaren, sobald unter der dünnen Tünche der Zivilisation der nackte Gorilla zum Vorschein kommt. Ehlert hat in der Gefangenschaft großartige Menschen und Charakterschweine kennengelernt, und er hat erkennen müssen, dass die meisten Männer feige sind, wenn es zum Schwur kommt.

Nie wieder wird er Gelegenheit haben, Menschen kennenzulernen, die aufgrund ihrer Position im Lager ohne Gewissensbisse von der Verpflegung, die dem Lager zugemessen war, so viel für sich abzweigten, dass sie damit Handel treiben konnten, während andere verhungerten. Als die Masse der Gefangenen klapperdürr war, hatten diese Gruppe oft einen kleinen Bauch, weshalb sie als »Specker« bezeichnet wurden. Viele, das weiß Ehlert in diesem Augenblick kurz vor der Freiheit, hätten in normalen Zeiten ihr Leben mit weißer Weste gemeistert. In der Ausnahmesituation der Gefangenschaft waren sie zu schwach dazu. Das ging durch alle Berufsgruppen, auch solche, von denen man meinte, sie seien moralisch gefestigt. Richter, Pastoren, Ärzte wurden zu Verrätern und Dieben. Menschen sind eben Menschen, denkt sich Ehlert. Bei ihnen musst du mit allem rechnen, auf alles gefasst sein. Aber es gab auch die leuchtenden Gegenbeispiele, Beweise von Mut und Wahrhaftigkeit, von Seelengröße, von selbstloser Nächstenliebe, die ihm in dankbarer Erinnerung bleiben werden. Zum Beispiel jene Soldaten der Roten Armee, die mit ihm auf der Kommandantur musizierten, die ihn und Burr verpflegten, die beide wie Freunde behandelten. »Nimm nur und iss – ich weiß, dass du Hunger hast«, hat der Sibirier zu ihm gesagt. Freunde im Krieg. Und dann hat der Russe dem deutschen Piloten doch die Stiefel gestohlen. Feinde im Krieg.

Und Ehlert muss an jenen Postenführer in einem der Lager denken, der den Gefangenen immer wieder das Leben erleichterte. Sobald sich ein Vorgesetzter auch nur von Weitem in der Umgebung der Deutschen sehen ließ, hat der russische Wächter getobt und gebrüllt – nur dass er dabei vielsagend mit dem Auge gezwinkert hat. Sobald der Genosse Politoffizier entschwunden war, hat er die Gefangene grinsend dazu aufgefordert, wieder gemütlich an die Arbeit zu gehen und schön langsam zu machen. Manchmal hat er sogar das einzige deutsche Wort hinzugefügt, das sie ihm mühsam beigebracht hatten: »Pause!«

Auch an ein armes russisches Mädchen muss Ehlert jetzt denken. An jenes naive Ding, das sich bei einem Außenkommando in einen der jungen Gefangenen verguckte. Kein Außenkommando währt ewig. Kein Gefangener bleibt für immer dort, wo er gerade eingesetzt ist. Tagelang hat das Mädchen vor dem Lagertor gestanden. Irgendwann hat sie nach ihrem Deutschen gefragt. Man hat sie vom Fleck weg verhaftet und abgeführt. In welchem Lager sie wohl für immer verschwunden ist?

Dann erlebt er die schlimmste Stunde der Freiheit, die noch die schlimmsten Stunden der Gefangenschaft in den Schatten stellt. Es gibt keine Umarmung für den Heimkehrer, keine herzliche Begrüßung. Nicht einmal die Floskel »Wie geht es dir?« bekommt er zu hören. Sie hätte zum ersten Mal im Leben des jungen Mannes Bedeutung gehabt. Es herrscht eisige Kälte. Den Sohn, den Geliebten gibt es für die, die daheim geblieben sind, nicht mehr. Ein Fremder kommt durch die Tür. In den nächsten Tagen wird Ehlert von niemandem auch nur eine einzige Karte, einen Brief, einen Strauß Blumen zur Begrüßung erhalten. Nur eine Tante schreibt ein paar Zeilen: »Schön, dass ihr Euren Soldaten wieder habt.«

Das schreibt sie an die Eltern, nicht an ihn. Man ist sich fremd geworden. Auch Riele ist ihm fremd geworden. Monate wird es dauern, bis Ehlert, der ehemalige Nachtfernaufklärer der Luftwaffe, der Gefangene Stalins, wieder zu den Seinen findet. Auch zu Riele. Monate voller Qualen als Fremder in der Heimat.

ENDE

Nachwort

Fein sieht er aus, feingliedrig und fein herausgeputzt. Als ich dem kleinen, zierlichen Mann zum ersten Mal gegenüberstehe, weiß ich genau, dass ich nur eine Chance habe, eine einzige. Ein falscher Satz, eine dumme Frage und das Entrée ist für immer versaut, er wird sich mir verschließen. Das ist es, was ich bei vielen ehemaligen Soldaten des Zweiten Weltkrieges, die ich in den letzten Jahren interviewt habe, fast immer festgestellt habe: Sie möchten sich öffnen, doch ihre Geschichte ist ihnen so wichtig, dass sie auch wichtig genommen werden wollen. Groß ist ihr Misstrauen gegenüber denen, die nicht dabei waren, die keine Ahnung haben, wie es ist, seine Jugend einer sinnlosen, bösen Idee geopfert zu haben. Misstrauisch sind sie gegenüber denen, die ihr Wissen über jene Zeit aus Geschichtsbüchern haben und niemals selbst dem Tod in einer kriegerischen Auseinandersetzung ins Auge geblickt haben, gegenüber jenen, die in ihren Augen nicht wissen, wie es ist, von einer dunklen Macht, die es nie zuvor in solcher Qualität gegeben hat, verführt worden zu sein und dafür gebüßt zu haben.

Und Gerhard Ehlert ist ihr Paradestück. Der 92-Jährige spricht geschliffenes Deutsch, ist hellwach, kann jederzeit technische Zusammenhänge detailgetreu erklären – und das in druckreifen Sätzen. Noch immer steckt der Wehrmachtsoffizier in ihm, das merkt man an seinen Gesten, an seiner Haltung, an seiner knappen, komprimierten Sprache. Er lebt nach wie vor in seinem Elternhaus, ohne auf irgendeine fremde Hilfe angewiesen zu sein. Mich und meinen untrainierten Journalistenkörper straft er mit geringschätzigen Blicken und drückt mir beim ersten Besuch ein Blatt Papier in die Hand, auf dem zehn Leibesübungen abgedruckt sind, die ich absolvieren soll. »Das mach ich täglich. Und sie sollten dieses Training auch absolvieren, sonst gehen sie in ein paar Jahren am Stock«, sagt der alte Herr lächelnd, aber mit dem festen Unterton eines gutgemeinten Befehls, zum 50-Jährigen.

Tagelang sitzen wir in seinem Haus, das nur ein paar Kilometer vom Haff an der Ostsee entfernt ist, zusammen, merken nicht, wenn die Tageszeiten wechseln, wann es draußen langsam dunkel wird. Wir vergessen, Licht zu machen. Ehlert erzählt ohne Unterlass. Zwischendurch holt er das eine oder andere Erinnerungsstück aus dem Nebenzimmer, zeigt Fotografien oder steht am Fenster. Wir haben uns erst vor ein paar Wochen kennengelernt und sind doch recht schnell vertraut, wenn auch Ehlert niemals auch nur ein Minimum an Nähe zulassen würde. Er ist zu vornehm, hat das »Du« nie gelernt, möchte es auch jetzt nicht mehr lernen. Es würde ihm auch nicht stehen.

Ein Kollege aus dem Rosenheimer Verlag, dem Ehlerts Geschichte zugetragen worden war, der aber just zu dieser Zeit an einer anderen Biografie zu arbeiten hatte, hat ihn mir ans Herz gelegt, den älteren, schlanken Herren aus Vorpommern, der im Zweiten Weltkrieg einen ganz besonderen Auftrag zu erledigen hatte: Panzer, Kanonen, Lkw, Soldaten und Züge von der Luft aus bei Nacht zu zählen.

Infanteristen, Panzersoldaten, Pioniere, Gebirgsjäger, Männer des Afrika-Korps, Artilleristen, Funker und Fahrer – ihre Schicksale gibt es millionenfach, sie sind, wenn auch nicht minder interessant, bereits in epischer Breite dokumentiert. Die Geschichte eines Nachtfernaufklärers, der bei Dunkelheit ohne jegliches Radar an Bord mit seinem zweimotorigen Flugzeug im Herbst 1944 mitten hinein in den Untergang der Heeresgruppe Mitte fliegt und hinter feindlichen Linien abgeschossen wird, faszinierte mich von der ersten Minute an – wie auch der Mann an sich und dessen bewegte Familiengeschichte. Ein typisch deutsches Schicksal übrigens, die zeigt, wie sich Menschen aller sozialen Schichten und aller Bildungsgrade vom Dritten Reich einen Mantel umlegen ließen. Ich habe die geschichtlichen Passagen zur Familie Ehlert nicht ohne Grund ausführlich eingearbeitet. Sie zeichnen einen Weg hinein ins Netz des Nazi-Reiches.

Ehlerts Tiefpunkt in seiner Geschichte als Soldat des Zweiten Weltkriegs ist nicht etwa der Absturz seiner Maschine, den er nur mit sehr viel Glück überlebt, ist nicht das Sterben der Kameraden, ist nicht etwa die Gefangenschaft, die dem jungen Piloten bisweilen alles abverlangte, nein, es ist die Rückkehr als Fremder in die Heimat. Nach Jahren des Krieges und der Gefangenschaft von den geliebten Menschen wie ein Fremder behandelt zu werden – das war sein persönlicher Tiefpunkt. Aber auch den hat Gerhard Ehlert überwunden, überlebt wie den Absturz seines Flugzeuges über Russland. Er blieb hartnäckig, studierte, baute als Bauingenieur eine eigene Firma auf. Mit großem Erfolg. Und auch in sein privates Glück kämpfte er sich zurück. Gabriele,

»Riele« Müller, der er über die Jahre seiner Gefangenschaft fremd geworden war, eroberte er zurück. Sie wurde seine Frau und beide lebten glücklich zusammen, bis sie vor ein paar Jahren verstarb. Ehlert ist Vater und Großvater, und seine Enkel hören ihm zu, wenn er seine Geschichte »Vom Himmel in die Hölle« erzählt.

Wasserburg am Inn im Herbst 2014
Christian Huber

Der Autor

Christian Huber, 1964 in Wasserburg am Inn geboren, ist seit zwanzig Jahren als Journalist und Publizist tätig. Sein Spezialgebiet: die Zeitgeschichte. Nach Abitur und Studium in München veröffentlichte er als Redakteur beim Oberbayerischen Volksblatt in Rosenheim, bei dem er 15 Jahre zum Großteil in verantwortlicher Position beschäftigt war, zahlreiche Serien und Berichte zum Zweiten Weltkrieg. Seine militärische Ausbildung absolvierte der ehemalige Zeitsoldat und Hauptmann a. D. unter anderem an der Offiziersschule der Luftwaffe in Fürstenfeldbruck.

Huber lebt und arbeitet heute als freier Journalist und Autor in seiner Heimatstadt Wasserburg.

Weitere Bücher von Christian Huber

Das Ende vor Augen
Soldaten erzählen aus dem Zweiten Weltkrieg

Millionen von Soldaten verloren im Zweiten Weltkrieg ihr Leben, viele waren durch die körperlichen und seelischen Verletzungen nie mehr dieselben. Dieses Buch lässt die sprechen, die mittendrin waren: Ehemalige Soldaten berichten aus unterschiedlichen Perspektiven von ihren Erfahrungen an der Front während des Zweiten Weltkrieges.
208 Seiten
ISBN 978-3-475-54135-3

Tausend Tage ohne Hoffnung
Berichte aus der Kriegsgefangenschaft

Am Ende des Zweiten Weltkrieges standen viele Soldaten vor dem Nichts. Der Traum vom großen Sieg war geplatzt. Stattdessen mussten sie sich nun mit der Rolle der Verlierer abfinden, die zu spüren bekamen, welches Leid sie ihren Gegnern zugefügt hatten. Dieses Buch berichtet vom Schicksal jener Soldaten, die nach dem Zweiten Weltkrieg in Kriegsgefangenschaft gerieten.
224 Seiten
ISBN 978-3-475-54215-2

Informationen zu unserem Verlagsprogramm finden Sie unter www.rosenheimer.com